퇴근후
1시간
독서법

시간관리 전문가 정소장의 직장인 특급 독서 전략

퇴근 후 1시간 독서법

초 판 1쇄   2019년 06월 17일

지은이 정소장
펴낸이 류종렬

펴낸곳 미다스북스
총괄실장 명상완
책임편집 이다경
책임진행 박새연 김가영 신은서
본문교정 최은혜 강윤희 정은희

등록 2001년 3월 21일 제2001-000040호
주소 서울시 마포구 양화로 133 서교타워 711호
전화 02) 322-7802~3
팩스 02) 6007-1845
블로그 http://blog.naver.com/midasbooks
전자주소 midasbooks@hanmail.net
페이스북 https://www.facebook.com/midasbooks425

© 정소장, 미다스북스 2019, *Printed in Korea*.

ISBN 978-89-6637-678-0 03190

값 15,000원

시간관리 전문가 정소장의
직장인 특급 독서 전략

퇴근후 1시간 독서법

정소장 지음

"퇴근 후 1시간, 내 인생을 바꾼다!"

미다스북스

더 이상 미루지 말고 퇴근 후 딱 1시간 독서하라!

　직장인들이여, 더 이상 미루지 말자. 퇴근 후 딱 1시간만 독서해보자. 아마 이 말에 의아해하는 사람들이 있을 것이다. '책을 1시간만 읽어서 다 읽을 수 있나?' 바로 이 생각 자체가 잘못된 생각이다. 책을 다 읽을 필요가 없다. 책을 다 읽는 것은 시간을 버리는 것이다. 화가 나는가? 그럼 다 읽은 책의 내용을 기억하는가? 장담한다. 절대 기억 못 한다. 그래서 책은 다 읽을 필요가 없다.

　그리고 책을 읽을 때 절대로 양에 집착하지 말자. 100권 읽고 1,000권을 읽어도 내 삶에 아무런 변화가 없으면 안 읽은 것이나 마찬가지다. 단 1권의 책을 읽어도 나의 삶에 적용해서 변화가 일어난다면 그 독서가 제대로 된 독서다. 1권이 아니라 1 페이지라도 좋다. 아니 한 문장이라도 좋다. 내 삶에 변화를 주는 단 한 문장만 찾아도 성공한 독서다.

"우물쭈물하다 내 이럴 줄 알았어." 아일랜드 출신의 작가 조지 버나드 쇼의 묘비명에 적혀 있는 명언이다. 혹시 책을 읽기로 했는가? 그렇다면 반드시 이 책을 읽고 독서하자. 하다못해 라면 하나를 먹어도 설명서를 보고 끓여 먹어야 한다. 하물며 인생을 바꿔줄 책을 읽는데 그냥 읽어서 되겠는가? 독서하기로 결심했다면, 반드시 이 책을 읽고 시작하자.

이 책은 내가 대학교 3학년 때부터 지금까지 독서를 하면서 깨달은 생각과 경험을 모두 담고 있다. 책은 총 5장으로 구성되어 있다. 1장에서는 독서를 왜 해야 하는지 이야기한다. 2장에서는 대한민국 직장인 누구라도 따라 할 수 있는 현실적인 독서법에 대해 알려준다. 3장에서는 독서의 가장 기본인 습관에 관해 이야기한다. 4장에서는 시간이 없는 직장인들을 위해 전략적인 책 읽기 기술에 관해 설명하고 있다. 마지막 5장에서는 퇴근 후에 하는 독서로 미래를 바꿀 수 있음을 강조했다.

'무슨 책을 읽는데 책 읽는 방법을 알아야 하나?' 하고 생각할 수 있다. 아이러니하지만 책 읽는데 책 읽는 방법을 알아야 한다. 공부랑 비슷하다. 공부도 그냥 하면 어떻게 되는가? 제대로 된 공부를 하려면 당연히 효과적이고 효율적인 공부 방법을 알아야 한다. 우리는 책 읽는 것도 공부해야 한다. 직장인에게 효과적이고 효율적인 독서법을 알아야 한다. 책을 읽는 데 무턱대고 읽는 것은 너무나 비효율적이다. 바쁜 직장인이 할 수 있는 가장 좋은 독서법은 바로 발췌독이다. 발췌독으로 삶을 혁명적으로 바꿀 수 있고 우리의 인생을 바꿀 기회도 잡을 수 있다.

대한민국의 많은 직장인이 책을 읽는다. 직장인들이 얼마나 바쁜가? 나 역시 전업 작가가 아닌 현직 직장인이라 얼마나 바쁜지 아주 잘 안다. 그러므로 직장인 독자들의 마음을 누구보다 잘 안다. 아침 일찍 일어나서 출근하는 직장인. 아침 일찍 출근한다고 해서 일찍 퇴근하라는 보장은 없는 직장인. 너무 바빠서 화장실에서도 업무 통화를 하는 직장인. 가끔은 예기치 못한 일로 야근을 해야 하는 직장인. 집에 오면 그저 좀 편히 쉬고 싶은 직장인.

그런데 그들 중 누군가는 그 바쁜 하루 중에도 없는 시간을 쪼개서 책을 읽는다. 하지만 아직도 서문부터 끝까지 읽는 직장인들이 너무나 많다. 정말 안타깝다. 시간은 한정적이다. 같은 시간에 좀 더 효과적인 독서를 할 수 있는 방법을 알려주고 싶다. 바로 발췌독이다. 우리는 단 한 권을 읽어도 제대로 남는 독서를 해야 한다. 한마디로 말하자면 좀 더럽게 책을 봐야 한다. 책을 깨끗이 읽으면 내용을 깨끗이 잊어버린다. 나는 대한민국 직장인들이 짧은 시간에 많은 것을 얻길 바라는 마음으로 원고를 썼다. 바쁜 직장인들이여, 이제 좀 똑똑하게 책을 읽자.

이 책이 나올 수 있도록 코칭해주신 '한국책쓰기1인창업코칭협회'의 김태광 대표님과 마지막 계약까지 챙겨주신 '위닝북스'의 권동희 대표님께 감사드린다. 또한 필명인 '정소장'도 김태광 대표님께서 지어주신 것이다. 연구소장처럼 살아가리라는 의미이다 정말 감사의 말씀을 드린다.

그리고 김태광 대표님께 같이 코칭받은 책 쓰기 11명의 동기분에게도 감사의 말을 전한다.

마지막으로 나의 가장 든든한 지원군인 사랑하는 부모님과 여동생 정일란, 정지형에게 감사한 마음을 전한다.

2019년 6월

정소장

목차

1장
왜 퇴근 후 1시간 독서해야 하는가?

2장
퇴근 후 1시간, 삶을 바꾸는 독서 습관

3장
직장인을 위한 가장 현실적인 독서법

4장
시간 없는 사람들을 위한 책 읽기 전략

5장
퇴근 후 1시간 독서가 5년 후 인생을 바꾼다

왜 퇴근 후 1시간
독서해야 하는가?

01

퇴근 후 독서를 해야 하는 이유

> "책과 함께 생활하면 영원히 탄식하지 않는다."
> – 로맹 롤랑

퇴근 후 시간을 활용해야 한다

최근 우리 사회는 일과 삶의 균형을 중시하는 풍토가 자리 잡고 있다. 혹시 이런 제도나 법을 들어봤는가? '주 52시간 근무제, 퇴근 후 카톡 업무 지시 금지법' 대한민국 직장인이라면, 이 두 가지를 어디선가 들어봤을 것이다. 나 역시 대한민국에서 살아가는 직장인이다. 확실히 요즘 나는 2016년에 비해 퇴근 이후 삶이 생겼다. 주위 직장 동료들에게 퇴근 이후에 삶이 있냐고 물어봤다. 대부분의 동료는 퇴근 후 삶이 있음을 몸소 느끼고 있다고 말했다.

심지어 내가 일하는 부서에서는 이런 적도 있다. 저녁 5–6시만 되면 부서장이 모두 퇴근시키며 말했다. 내일 사장 보고할 것 아니면 다 퇴근하라고. 내일 국가 주요 대응 업무가 아니면 다 퇴근하라고. 파트장은 아예 사무실을 돌아다니면서 한 명 한 명 잡고 물어봤다. 사장에게 보고할 것이 있거나 국가 주요 대응 업무가 있냐고. 그렇게 우리 파트는 저녁 5-6시만 되면 퇴근했다.

우리는 출근할 때 한군데로 향한다. 바로 직장이다. 아침에 아주 여유있게 출근하는 직장인은 많지 않다. 대부분 시간에 딱 맞춰서 일어난다. 그리고 출근하면 남는 시간이 없다. 하지만 퇴근할 때 우리는 많은 시간을 확보할 수 있다. 일단 퇴근할 때 기분이 좋다. 그리고 모두 같은 곳을 향하지는 않는다. 누구는 집으로 갈 것이다. 누구는 약속이 있어 강남으로 갈 수도 있고, 또 누구는 저녁 약속을 잡고 식당이나 카페로 갈 수도 있다. 누구는 운동하러 피트니스 센터에 갈 수도 있다. 이렇듯 우리는 누구나 퇴근길에 여유가 있다.

대중교통 혹은 회사 셔틀을 이용한다면 교통수단을 타면서 책을 읽을 수 있다. 시간도 아주 많다. 사무실을 나서자마자 책을 읽을 수 있다. 집으로 가는 길에 읽을 수 있다. 집이 아니라 다른 장소로 간다면 퇴근 후 책 읽을 수 있는 시간은 더 많다. 약속이 있어 저녁 7시에 만나기로 했다. 그런데 친구가 늦는다면 기다리는 동안 책을 읽을 수 있다. 그리고 약속이 끝나고 다시 집으로 돌아오는 길에 책을 읽을 수도 있다.

퇴근 후에는 책을 읽기가 수월하다. 나는 항상 가방에 책을 가지고 다닌다. 책을 쓰고 있는 요즘 나는 도이 에이지 작가의 『그들은 책 어디에 밑줄을 긋는가』라는 책을 가지고 다닌다. 책과 함께 항상 볼펜과 형광펜을 들고 다닌다. 그리고 필요한 구절에 밑줄을 긋는다. 그뿐만 아니라 볼펜으로 떠오르는 생각을 적는다. 나중에라도 찾고 싶은 구절이 있다면 책의 모퉁이를 접는다.

나는 회사에서 집까지 셔틀을 타고 이동한다. 셔틀 안에서만 30분 정도의 시간이 있다. 셔틀에서만 읽어도 최소한 하루에 30분이나 읽을 수 있는 것이다. 그리고 강남에 약속이 있어서 강남으로 퇴근할 때는 강남까지 가는 데 30분이라는 시간이 생긴다. 그리고 다시 집 근처로 오는 데 1시간 정도 시간을 벌게 된다. 결국 바로 집으로 퇴근하면 셔틀에서 30분 동안 책을 읽을 수 있고, 약속이 있어 강남에 들렀다가 집에 가면 1시간 30분 동안 책을 읽을 수 있다.

한편 아침은 어떨까? 한때 미라클 모닝이라고 아침에 빨리 일어나서 무엇인가를 하는 것이 유행한 적이 있었다. 요즘도 여전히 유행이다. 새벽에 일어나서 무엇인가를 하면 좋다. 왜 그런 말도 있지 않은가? 성공하는 사람들은 다 새벽형 인간이라고. 하지만 우리나라 사람들은 새벽에 일어나기 어려워한다. 통계적으로 우리나라 사람 중 아침 5시에 일어나는 사람은 일부에 불과하다. 2013년 한국갤럽의 조사 결과, 대한민국 성인의 기상 시간은 7시가 26%, 6시가 32%, 5시가 17%이었다.

이 결과에 따르면 대부분의 사람은 아침에 5시에 일어나서 무엇인가

하기 어렵다. 6시 이후에 일어나기 때문이다. 물리적으로 어려운 시간에 깨서 무엇인가를 도전할 필요가 없다. 그렇게 하면 오히려 매일 실패할 가능성이 크다. 그래서 우리는 퇴근 후에 독서를 해야 한다. 아침에 책을 읽기 어려운 이유는 이렇다. 독서를 하기 전에 빨리 일어나야 한다. 그런데 빨리 일어나기가 말처럼 쉽지 않다. 책 읽기 전에 아침 일찍 일어나는 것부터 해내야 한다.

아침에 일어나기 어렵다면 퇴근 후 시간에 책을 읽자

직장인이 되고 영어 공부를 한 적이 있다. 아침에 5시쯤 일어나서 『윤재성의 소리 영어』를 공부했다. 그런데 약 한 달 정도 하고 포기했다. 아침에 알람을 맞추고 일어났지만 너무 피곤하니 알람을 듣고 일어나도 다시 잤다. 대부분의 사람은 공감할 것이다. 설사 아침에 알람을 듣고 일어났다고 치더라도 무엇인가를 하다가 또 잔다. 나 역시 5시에 일어나서 『윤재성의 소리 영어』를 듣다가 잔 적이 몇 번 있다. 이렇게 실패 경험이 쌓이게 되면 오히려 자존감과 자신감도 떨어진다.

영어 공부 말고 책을 읽으려고 시도한 적이 있다. 아침 5시에 스마트폰 알람을 맞춰놨다. 알람까지는 들었다. 그리고 알람을 껐다. 잠깐 고민했다. '아, 일어나서 책 읽어야 하는데', '아, 조금만 더 잘까?' 그렇게 1시간을 더 잤다. 그리고 나는 출근했다. 이렇게 매번 결심만 한 적도 있었다.

아침에 일찍 일어나서 무엇인가 하기는 어렵다. 나 역시 여러 번 실패했다. 정말 큰 충격으로 인해 결심하고 실행하지 않는 이상 어렵다. 물론 아침에 독서를 꾸준히 하면 좋겠지만, 대부분의 우리나라 사람은 아침에 일찍 일어나서 무엇인가 하기 어려워한다. 아침에 일찍 일어나는 것조차 어려운 일이기 때문이다. 그렇다면 굳이 어려운 시도를 하기 보다는 100% 성공하는 독서를 하는 것이 낫다. 왜냐하면 퇴근 시간은 노력하지 않아도 매일 맞이하는 시간이기 때문이다.

100% 책을 읽는 시간은 바로 퇴근 후 시간이다. 아침에 피곤한 몸을 이끌고 출근하는 것 자체가 어려운 일이다. 그러나 퇴근 후 시간은 노력하지 않아도 매일 찾아온다. 결국, 아침이냐 퇴근 후 시간이냐는 선택하는 것이다. 아침 시간은 먼저 생활 방식을 바꾸는 노력을 해야만 시간을 확보할 수 있다. 하지만 퇴근 후 시간은 노력하지 않아도 자연스레 얻을 수 있다. 굳이 힘든 노력으로 얻어야 하는 시간에 독서를 할 필요가 없다. 노력하지 않아도 누구에게나 오는 퇴근 후 시간에 책을 읽는 것이 편하다.

요즘 나도 100% 성공하는 독서를 하고 있다. 바로 퇴근 시간에 독서를 하는 것이다. 가방 안에 두 권의 책을 가지고 다닌다. 하나는 앞에 말한 것처럼 『그들은 책 어디에 밑줄을 긋는가』이다. 다른 하나는 『김태광, 나만의 생각』이라는 책이다. 첫 번째 책은 내가 이 원고를 쓰면서 참고하기 위해 읽는 것이다. 두 번째 책은 하루에 한 꼭지씩 읽으며 그 주제에 대한 내 생각을 정리하는 책이다. 내 생각은 책 여백에 볼펜으로 적는다.

아침에는 조금 분주해서 책 읽기 어려울 수 있다. 그뿐만 아니라 아침에 빨리 일어나기도 어렵다. 일어났다고 해도 책을 읽고 다시 자기도 한다. 하지만 퇴근 시간은 어떤가? 누구나 퇴근은 한다. 퇴근길 시간을 합하면 책을 읽기 충분한 시간이 된다. 우리 모두 퇴근할 때 독서를 할 수 있다. 에센 바흐는 말한다. "시간을 지배할 줄 아는 사람은 인생을 지배할 줄 아는 사람이다." 나는 이렇게 바꿔 말하고 싶다. "퇴근 후 시간을 지배할 줄 아는 직장인은 인생을 지배할 줄 아는 직장인이다." 퇴근 후 시간이 책을 읽기 딱! 좋다.

독서를 위한 정소장의 시간 관리 전략
01 - 시간의 중요성을 인지하라

우리가 무언가를 이루고 싶을 때 투자를 하는 2가지가 있다. 바로 시간과 비용이다. 그런데 대부분의 사람은 비용의 중요성은 잘 알지만 시간의 중요성은 잘 알지 못하는 것 같다. 사실 돈보다 중요한 것이 시간이다. 돈은 다시 벌 수 있지만 시간은 절대 다시 벌지 못하기 때문이다. 지금 이 글을 쓰고 있는 순간도 바로 과거가 된다.

시간이 돈보다 중요하다는 것을 깨우치게 되면 자연스레 시간 관리를 하게 된다. 왜냐하면 시간이 지나가는 것이 너무 아깝기 때문이다. 나는 이지성 작가가 말한 이 비유를 보고 시간이 중요하다는 것을 다시 깨달았다. 이 일화를 보고 당신도 시간의 중요성을 다시 한 번 생각해보길 바란다.

은행에 하루마다 86,400원이 들어오는 통장이 있다. 그런데 다 사용하지 않으면 없어진다. 그렇다면 우리는 매일 그 돈을 다 찾지 않을까? 그럴 것이다. 찾아서 다른 데 투자하거나 사용 할 것이다.

　그런데 86,400이라는 숫자는 60초와 60분과 24시간을 곱한 값과 같다. 이는 바로 하루라는 시간을 초로 나타낸 것이다. 우리는 돈 1원은 아까워하면서 1초는 왜 안 아까워할까?

　시간 관리의 기본은 그 중요성을 아는 것이다. 시간의 중요성을 알지 못하고는 절대 시간 관리를 잘할 수 없다. 시간이 중요하다는 것을 머리로만 이해하지 말자. 영혼과 가슴으로 깨닫자.

저녁 술자리 VS 1시간 독서

"사람들은 인생이 모든 것이라고 말하지만 나는 독서가 좋다."
– 로건 피어설 스미스

술자리의 단점

사람들은 대부분 독서를 하고 싶어 한다. 아마 이 글을 읽는 당신도 연초에 독서 계획을 세웠을 것이다. 하지만 직장인들은 막상 독서 계획을 실천하지 못하고 있다. 여러 가지 이유가 있겠지만, 그중 가장 큰 이유는 퇴근 시간만 되면 술자리의 유혹이 있기 때문이다. 어제도 옆 부서에서 이런 소리가 들렸다. "야, 소주 한잔해야지?" 특히나 술을 좋아하는 상사랑 같이 일하게 되면 술자리 제안을 거부하는 것이 어렵다.

2018년 통계청 통계 자료에 따르면, 연간 소주 소비량이 36억 3,600만 병이라고 한다. 이는 1인당 하루 2.1잔이라고 생각할 수 있다. 소주를 마시지 않는 사람까지 고려하면 인당 하루 소비량은 훨씬 더 많을 것이다.

직장인은 대부분 퇴근하고 삼삼오오 모여 술자리를 갖는다. 간단히 치맥을 즐길 수도 있다. 또 어느 날은 저녁을 먹으면서 반주를 하기도 한다. 혹은 아예 취할 때까지 술을 마시기도 한다. 나도 한때 퇴근 이후 술자리만 찾아다니던 시절이 있었다.

나의 직장은 수원에 있고, 친구도 참 많다. 그러다 보니 술자리가 많다. 강남에서 대학교 친구들과 만나서 술자리를 갖기도 하고, 같은 삼성 그룹 신입사원 입문 교육에서 친해진 친구들과 술자리를 갖기도 했다. 그뿐만 아니라 회사 친해진 동기들과 술을 마시기도 했다. 이뿐인가? 옆 부서, 옆옆 부서, 우리 부서까지 술 마실 사람들이 천지다. 술 마실 때는 신나고 재밌다. 더 친해진 것 같은 느낌도 든다. 하지만 나는 술을 절제할 줄 몰랐다. 항상 다음 날 술을 많이 마신 것을 후회했다.

한 번은 이런 일도 있었다. 2017년 나는 업무 중 큰 프로젝트 하나를 끝냈다. 그리고 같이 일했던 사람들과 축하할 겸 곱창에 소주를 마시기로 했다. 이 프로젝트를 할 때 혼자 하기 어려워서 H선배가 도와줬다. 그뿐만 아니라 L파트장도 내가 업무를 잘 마칠 수 있도록 도와줬다. 가끔 주말에도 나와 일을 해야만 하는 큰 프로젝트였기에, 우리는 자축하며 마음껏 술을 마셨다. 곱창에 소주 얼마나 환상의 조합인가? 우리는 거나하게 취했다. 그리고 일어나서 보니 내 방이었다. 필름이 끊긴 상태로 아이스크림을 먹었던 걸까? 주위에 아이스크림 비닐이 3개나 있었다. 비비빅, 메로나, 죠스바.

나는 술 마시고 거나하게 취할 때면 이런 주사가 있다. 바로 편의점에서 해장하는 것이다. 방법도 다양하다. 어떤 날을 라면을 먹는다. 어떤 날은 아이스크림을 먹는다. 어떤 날은 햄버거를 먹는다. 어느 날은 김밥을 먹는다. 살이 찔 수밖에 없는 주사다. 거하게 마신 다음 날 나는 먹다 남은 햄버거와 사이다를 발견했다. 이 정도면 정말 심각한 수준이었다. 술을 마시면 여러 가지 단점이 있는데 여기서는 3가지만 말해보려고 한다.

첫째, 시간과 비용을 들여 건강을 해친다.

술자리를 갖게 되면 필수적으로 시간과 비용이 수반된다. 그리고 늦게까지 마시면 택시도 타야 한다. 퇴근 이후 시간을 모두 날려버리는 것이다. 그뿐만 아니라 술자리 계산, 택시비 등 여러 가지 비용도 발생한다. 비용이야 넘어간다고 건강을 해치는 것은 정말 큰일이다. 특히 술을 마시면 간에 부담이 된다. 간이 부담되면 피곤함을 더 빨리 느낀다. 피로 해소도 어려워진다. 굳이 우리가 우리의 시간과 비용을 들여가며 건강을 해칠 필요는 없다.

내가 술자리를 찾아다니면서 마시던 때가 기억난다. 어느 날 체크카드 사용 명세를 봤는데 가관이었다. 내가 무엇을 소비하는지 보면 내가 누구인지 알 수 있다. 당시 나의 소비 명세는 택시 - 편의점 해장 - 택시 - 편의점 해장이었다. 소비 내용으로 본 나는 이런 사람이었다. 매일매일 술만 마시는 사람, 술 마시고 집에 올 때는 택시 타는 사람, 택시 타고 집에 오면 편의점에서 해장하는 사람.

둘째, 술 마신 날을 물론이고 다음 날까지 좋지 않은 영향을 끼친다.

술을 마시면 그날 저녁은 거의 아무것도 할 수 없다. 피곤함과 함께 졸음까지 몰려온다. 집에 오면 빨리 씻고 자고 싶다. 그렇게 잠을 자고 일어난다. 여전히 피곤하다. 왜냐하면 전날 마신 술이 덜 깼기 때문이다. 그뿐만 아니라 내가 자는 동안 먹은 안주들을 소화하느라 간이 쉬지 못해서 피로가 그대로 남아 있다. 술 마신 다음 날까지 피로가 나를 짓누르고 있는 느낌이다.

사회 초년생 시절 이런 날도 있었다. 전날 술을 과하게 마신 탓이었을까? 말하기 부끄럽지만 솔직하게 말하겠다. 정말 술을 많이 마셔서 다음날 오전 내내 화장실에서 졸았던 적이 있다. 자연스럽게 오전에 하지 못한 일을 오후에 했다. 오후에 해야 할 일은 저녁에 했다. 자연스럽게 야근을 했다. 이렇듯 술은 다음 날까지 좋지 않은 영향을 끼친다.

셋째, 살이 쪄서 몸무게가 늘어난다.

술자리로 인해 당연히 살이 찐다. 몸무게가 늘어난다. 갑자기 하루 만에 늘어나지 않는다. 천천히 그러나 꾸준히 몸무게가 늘어난다. 특히, 스트레스를 받을 때 술 마시는 것과 안주를 먹는 것으로 푸는 사람들은 몸무게가 금방 늘어난다. 나 역시 그런 사람 중에 하나다. 처음 입사했을 때 65kg이었다. 하지만 꾸준히 술을 마신 결과 80kg까지 체중이 늘어났다. 운동 좀 해야겠다.

독서의 장점 3가지

이제 나는 술을 마시지 않는다. 술은 직장 생활과 개인의 삶에 안 좋은 영향을 끼치기 때문이다. 대신 나는 독서를 한다. 퇴근길 오늘도 나는 독서를 하고 있다. 셔틀 안에서 책을 펼치고 본다. 독서를 하면 여러 가지 장점이 있지만 여기서는 술 마시는 단점과 비교해 3가지 장점을 말하고 싶다.

첫째, 시간과 비용을 들여서 내 삶을 변화시킬 수 있다.

같은 시간과 비용을 들여도 전혀 다른 결과를 가져온다. 술을 마시면 건강을 해친다. 하지만 독서를 하면 내 삶을 변화시킬 수 있다. 그리고 심지어 독서는 술 마시는 것보다 비용도 저렴하다. 택시를 타거나 해장을 해야 하는 등 추가 비용이 발생하지도 않는다. 책을 읽으면서 나의 의식을 확장할 수 있다. 의식을 확장해 내 삶에 변화를 가져올 수 있다.

둘째, 다음 날도 정상적인 생활을 할 수 있다.

술을 마시면 다음 날까지 좋지 않은 영향을 미친다. 하지만 독서를 하면 다음 날 오히려 멀쩡하게 일어날 수 있다. 훨씬 개운하게 일어날 수 있다. 술을 마신 것처럼 간에 부담이 되지도 않는다. 독서를 통해 머리가 맑아진다. 회사에 가서도 오전부터 정신 차리고 일을 시작할 수 있다. 집중해서 일하니 야근도 하지 않아도 된다.

셋째, 머리와 마음의 양식이 늘어나서 삶이 풍요로워진다.

술을 마시면 몸무게가 늘어난다. 불편한 것이 한두 가지가 아니다. 그동안 입던 옷도 다시 사야 한다. 건강도 안 좋아진다. 하지만 독서를 하면 머리와 마음의 양식이 늘어난다. 독서를 통해 지식을 쌓을 수 있다. 그뿐만 아니라 지혜도 얻을 수 있다. 그리고 변하고자 한다면 변할 수도 있다. 독서로 내 삶을 풍성하고 풍요롭게 할 수 있다.

우리는 자의든 타의든 술자리를 많이 갖는다. 친구들이나 직장 동료들부서 선후배끼리 술자리를 갖는다. 업무상 다른 부서원들과 회식을 하기도 한다. 안 그래도 술자리가 많은데 굳이 술자리를 만들어가며 우리 자신을 혹사할 필요가 있을까? 술을 마시지 않고도 사람들과 친해질 방법은 많다. 게다가 술을 마시면 건강에도 안 좋다. 아직도 독서보다 술자리가 더 좋은가? 이제 술 마실 시간에 책을 읽어보는 건 어떨까?

03

양과 질보다 습관이 먼저다

"1시간 독서로 누그러지지 않는 걱정은 결코 없다."
– 샤를 드 스공다

독서 습관이 먼저다

책 한 권을 읽는 데 우리는 보통 얼마나 시간이 걸릴까? 사람마다 다르지만 평균적으로 약 200페이지 분량의 책을 읽는 데 2시간이 걸린다. 물론 책 읽는 속도가 조금 느린 사람들은 3시간까지 걸린다. 반면 빨리 읽는 사람은 1시간 만에도 읽는다. 이렇게 평범한 사람이라면 책 한 권을 2시간 내외에 읽을 수 있다.

그런데 왜 1시간 독서를 해야 할까? 그 이유는 습관을 들이기 위해서이다. 습관을 들이지 못하면 독서를 지속해서 할 수 없다. 그래서 1권을 읽는다는 목적을 세우는 것은 바람직하지 않다. 게다가 1권을 읽겠다는 결심은 실패할 가능성이 크다. 차라리 1시간을 읽는다고 정해놓고 책을 읽으면 독서에 성공한다.

하루 1권 읽기와 같은 운동이 유행하던 때가 있었다. 독서를 양으로 하던 당시 독서가 익숙하지 않은 사람들은 책 읽기에 실패하게 된다. 왜냐하면 독서 습관이 자리 잡지 않은 상태에서 무조건 1권을 읽으려 하기 때문이다. 대부분의 사람은 책 1권을 읽는 데 목적을 둔다. 나 역시 그랬고 내 친구도 그랬다.

2012년 3월의 일이다. 나는 ROTC로 군에서 장교로 복무하기 위해 교육을 듣고 있었다. OBC라는 장교 기초 교육을 받고 있었다. 당시 나는 매일 1권씩 책 읽기에 성공하고 있었다. 무엇인가에 홀렸던 것일까? 나는 굶주린 듯 책을 읽었다. 자기계발서를 시작으로 인문학까지 읽었다. 『논어』, 『맹자』 등 여러 인문학 책을 읽었다. 나는 군사 교육을 받는 중에도 건빵 주머니에 책을 넣고 다녔다. 쉬는 시간 10분 동안에도 책을 읽었다. 당시 A라는 친구도 책을 읽기 시작했다. 나의 책을 읽는 모습을 보고 따라 한다고 했다.

아직도 생생히 기억난다. 그 친구의 숙소는 나의 숙소 맞은편이었다. 나와 같은 건물 같은 층이었기 때문에 매일 보는 사이였다. 그 친구는 어느 날 책을 10권이나 가지고 방에 들어왔다. 나처럼 하루에 1권씩 읽겠다고 했다. 그리고 계속 감탄을 하며 갑자기 막 행복하다고 했다. 정말 행복하게 웃는 모습을 봤다. 그래서 내가 뭐가 그렇게 행복하냐고 물었다. 그 친구가 대답했다. 이 책들을 다 읽었다고 상상만 해도 행복하다고. 그렇게 그 친구는 행복해하다가 끝났다. 단 1권도 읽지 않았다. 이렇듯 처음 독서를 할 때는 절대 1권을 다 읽겠다고 하면 안 된다. 실패할 가능성이 크다.

당시 나는 독서 습관이 있어서 매일 책 1권씩을 읽었다. 하지만 A는 같이 독서를 해도 매번 실패했다. 왜냐하면 아직 독서 습관이 안 들었기 때문이다. 그것도 모르고 무조건 1권을 읽겠다고 덤벼들었으니 지금 생각해도 웃기는 해프닝이다. 그때 우리는 그저 남에게 자랑하기 위해 책을 읽었을지도 모른다. 나는 하루에 책 1권 읽는 사람이라며. 그렇게 군 생활을 보내고 나는 취직을 했다. 취직해서 초반에는 독서를 하지 않았다. 하지만 우연한 계기로 다시 독서를 시작했다.

여전히 책 읽기 자체에 몰두했던 나

2017년 당시 나는 회사에서 외국어 교육 담당자였다. 당시 나의 상사는 교육 전문가였다. 그래서 정말 업무 강도가 높았다. 나름 멘탈이 센 편이었던 나도 정말 회사를 때려치우고 싶을 정도로 업무 강도가 높았다. 그런 회사 생활을 하면서 어느 날 갑자기 나는 다짐했다. 퇴근 후에 책을 읽기로.

그때 나는 김병완 작가의 『48분 기적의 독서법』이라는 책을 읽었다. 그 작가는 책 읽기를 통해 성공한 사람이었다. 특히 인상적인 부분은 삼성 전자를 다니다가 퇴사했다는 점이었는데, 나 역시 삼성전자에 다니고 있기 때문이었다. 공감이 많이 되었다. 제목과 맞지 않게 나는 그 책을 읽고 생각했다. 하루에 1권씩 읽겠노라고. 첫날은 책을 읽겠다는 열정이 폭발했다. 심지어 지금 보니 블로그에 서평이라고 글도 써놨다.

하지만 하루에 1권씩 읽기는 쉽지 않았다. 왜냐하면 회사 업무가 많아서 퇴근하면 피곤하기 때문이었다. 피곤하면 편하게 눕고 싶고, 누우면 당연히 자고 싶어진다. 나는 매일 1권씩 읽겠다고 다짐했지만 매일 실패했다. 지금 블로그를 보니 2017년 4월 24일 『48분 기적의 독서법』을 읽었다.

4월 23일 이지성 작가의 『독서 천재가 된 홍대리』를 읽었다. 4월 25일 이지성 작가의 『독서 천재가 된 홍대리 2』를 읽었다. 4월 29일 또 『48분 기적의 독서법』을 읽었다. 4월 30일 이지성 작가의 『리딩으로 리드하라』를 읽었다. 그리고 5월에 이지성 작가의 자기계발서 3권과 『논어』, 『이야기 중국사』를 읽고 더는 블로그에 글을 올리지 않았다. 그렇게 하루 1권 책 읽기에 실패했다.

왜 실패했을까? 현실적으로 하루에 1권을 읽겠다는 목표가 합리적이지 않기 때문이다. 블로그에 내가 써놓은 글을 보니 양이 질을 이긴다고 했다. 하루에 1권을 읽겠다고 다짐해놨지만 실패할 수밖에 없다. 그리고 지금 생각해보니 책들이 무슨 내용이었는지도 잘 기억이 안 난다. 1권을 읽겠다는 것이 목적이 되면 그저 빨리 읽으려 하고, 그렇게 되면 그냥 책을 넘기면서 빠르게만 읽게 된다. 그러면 결국 남는 것이 없다. 나는 실패하는 독서법으로 책을 읽고 있었다.

그럼 왜 퇴근 후 독서를 해야 할까? 아침에 책을 읽으면 안 될까? 나는 아침에 책을 읽는 것도 시도해봤다. 대략 2017년 가을이었던 것으로 기억한다. 2017년 『48분 기적의 독서법』을 읽고 의욕이 앞섰다. 책을 읽었지만 결국 2달이 채 지나지 않아 실패했다. 그래서 나는 방법을 바꿔보기로 했다. 독서 시간대를 바꿔본 것이다. 나는 아침에 일찍 일어나서 출근 전에 독서를 시도했다. 나름 당시에 인사팀원으로서 역량을 높이겠다는 생각을 했기에, 『실전에 강해지는 인사·노무지식의 모든 것』이라는 책을 읽기로 했다. 나의 아침 독서는 어떻게 되었을까? 실패했다.

일단 아침에 일찍 일어나는것부터 너무 힘들었다. 당시 나는 보통 6시쯤 일어나서 6시 30분에 출근을 했다. 아침에 1시간 독서를 하기 위해서는 5시에는 일어나야 했다. 4년간 6시쯤 일어나던 내가 5시에 일어나는 것은 굉장히 어려웠다. 책을 읽기는커녕 일어나지도 못했다. 휴대전화 알람은 또 1분 단위로 5번씩이나 맞춰놨다. 이런 경험 여러분도 있지 않은가? 5번이든 10번이든 내가 피곤하면 그냥 끄고 잔다. 나 역시 그랬다.

퇴근 후 독서 성공률이 상대적으로 아침 독서보다 높을 수밖에 없다. 일단 아침 독서보다 책을 읽을 수 있는 환경이 마련되어 있다. 아침 일찍 일어나지 않아도 퇴근 후에 읽으면 됐다. 또 목표를 바꿔 1권이 아니라 1시간 목표를 잡고 독서를 했다. 1권을 읽겠다는 목표를 잡고 독서를 하다 보면, 본래의 독서 목적을 잃게 된다. 그리고 1권을 읽겠다는 욕심에 책의 내용도 생각이 나지 않게 된다.

　몇 번의 실패로 2019년 2월부터 나는 하루에 1시간 책을 읽는 것을 목
표로 정했다. 2019년 2월 18일부터 꾸준히 하루에 1시간씩 읽고 있다. 매
일 성공하는 독서를 하는 셈이다.

　이렇게 지속해서 책을 읽을 수 있는 이유는 책 읽기 1시간을 목표로 잡
고 습관화했기 때문이다. 매일매일 1시간씩 읽다 보니 자연스레 습관이
자리 잡았다. 차츰 하루에 1시간 이상 읽게 되었다. 요즘은 매일 성공하
는 독서를 하며 행복한 하루하루를 보내고 있다. 이제 퇴근 후 1시간 독
서를 해보는 건 어떨까?

04

독서 결심의 굴레에서 벗어나다

"모든 위대한 일은 작은 시작에서 출발한다."
– 피터 센게

나도 매년 다짐만 했다

2015년 연말에 나는 친한 친구 두 명과 제주도로 여행을 갔다. 제주도에서 새해 일출을 보기로 했다. 새벽 4시에 일어났다. 우리는 차를 타고 성산 일출봉까지 갔다. 사람이 아주 많았다. 제주도의 모든 관광객이 무인 것 같았다. 그리고 우리는 2016년 1월 1일을 성산 일출봉에서 맞이했다. 색다른 경험이었다. 제주도에서 맞이하는 새해는 이색적이었다. 새해의 떠오르는 태양을 봤다. 그리고 숙소로 다시 돌아왔다. 숙소 안에서 우리는 새해 목표를 잡기로 했다.

정말 2016년은 희망찬 새해가 되길 바라는 마음으로 야심차게 준비했다. 서울에서 목표를 적을 수 있는 A4 용지도 출력해왔고 펜도 샀다. 각자 새해 목표를 쓰기로 했다. 당시 오오타니 쇼헤이라는 일본 야구선수가 작성한 표가 유행했다. 그것은 만다라트라는 표였다. 이 표에 목표를 적고 달성하기 위한 계획들도 적었다. 우리는 서로의 목표를 공유했다. 우리 3명 모두 책 읽기라는 목표가 있었다. 2016년 책 읽기 목표를 이루었을까? 우리는 2016년도에 독서와 가까워지지 못했다. 그렇게 그해도 또 지나갔다. 우리는 그저 막연히 책 읽기라는 결심만을 했었다.

과연 무엇이 문제였을까? 절박하지 않아서? 그저 목표일 뿐이라서? 구체적인 계획이 없어서? 책을 읽지 않아도 인생에 크게 상관없어서? 우리는 사실 그 이유를 잘 몰랐다. 그래서 서로 왜 독서를 안 했는지 물어봤다. 우리는 말했다. 바빠서, 회사 일이 많아서, 일단 급한 일을 처리해야 해서, 아침에 빨리 못 일어나서, 회식이 많아서, 술 마시고 노는 것이 더 재밌어서, 굳이 책을 읽지 않아도 잘 사니까. 이유야 찾아보면 여러 가지가 있었다. 하지만 정확한 이유는 알 수 없었다. 우리의 책 읽기 결심이 왜 실패하였는지 알 수 없었다.

그렇게 우리는 독서를 하지 않았다. 그저 독서와 거리가 먼가 보다 하고 생각했다. 가끔 만화책을 읽기는 했지만 꾸준한 독서를 하지는 않았다. 우리는 만나면 술 마시고 놀기 바빴다. 어느새 책을 읽기로 한 결심은 사라졌다. 당시에는 남들도 책 읽기 결심을 하니까 따라 했을지도 모르겠다. 그리고 새해를 맞아 모두가 하는 것처럼 책을 읽으려고 했던 것일지도 모르겠다.

우리만 독서에 실패한 것이 아니다. 새해가 되면 너도나도 결심한다. 하지만 독서를 꾸준히 하는 사람들의 수는 적다. 문화체육관광부에서 실시한 '2017년 국민독서실태조사' 결과에 따르면 성인 연평균 독서량은 8.3권이라고 한다. 그리고 책을 읽은 사람 중 1권 이상 읽은 성인의 비율은 59.9%라고 한다. 읽는 사람만 읽고, 안 읽는 사람은 한없이 안 읽는다는 의미다. 책 읽기를 결심하고 실패하는 것은 비단 나만의 문제가 아니라 우리나라 사람들은 대부분 독서를 결심만 하는 것이다.

2016년 연말이었다. 2015년에 여행을 함께했던 친구들과 또 같이 여행을 갔다. 우리는 어디로 여행 갈지 고민했다. 주말에 커피숍에 모였다. 별거 아닌 것 같지만 들떴다. 그리고 어디로 갈지 정했다. 이번에는 일본으로 여행을 가기로 했다. 그리고 고민을 또 했다. 일본도 지역이 엄청 많기 때문이다. 오사카, 동경, 삿뽀로 등 여행할 곳은 많았다. 그중에서 삿뽀로로 가기로 정했다. 우연이었을까? 필연이었을까? 그곳은 오오타니 쇼헤이가 신수 활동을 했던 지역이다. 그가 소속되어 있는 팀의 홈구장을 방문했다. 홈구장에서 사인볼, 수건 등 굿즈를 샀다. 그리고 숙소에 돌아왔다.

2015년 연말에 오오타니 쇼헤이가 그렸던 표에 우리의 목표를 적었다. 2016년 연말에도 우리 모두 오오타니 쇼헤이가 썼던 표에 우리의 새해 목표를 적었다. 그 목표에는 여전히 책 읽기가 있었다. 2016년 연말, 우리는 또 결심했다. 올해는 한 달에 1권씩 책을 읽어보자고. 이번에는 반드시 읽어보자고 다짐했다. 일본까지 와서 한 결심이었다. 그러나 2017년에도 책과 그리 친해지지는 않았다.

책 읽겠다는 결심이 아닌 다른 결심을 하자

나름 2016년 연말에는 독서의 양을 정해서까지 결심했다. 하지만 우리 중 누구도 독서에 성공하지 못했다. 왜 2015년과 2016년의 결심이 모두 실패했을까? 그 이유는 바로 목표 설정에 있었다. 우리의 목표가 '책 읽겠다'라는 그 자체였기 때문이었다. 독서가 목표가 된 것이 문제였다. 2015년에는 독서 자체가 목표였다. 2016년에는 조금 달라 보이긴 하지만 한 달에 1권 읽겠다는 그 자체가 목표였다.

독서가 목표가 되어서 달성했다고 가정해보자. 그런다고 뭐가 달라질까? 그냥 책만 읽어서는 의미가 없다. 100권이든 1,000권이든 의미가 없다. 독서가 목표가 되면 안 된다. 독서는 목표를 이루기 위한 도구로 사용해야 한다. 즉, 독서를 통해 우리가 변해야 한다는 이야기다. 그래야만 꾸준한 독서를 할 수 있다.

나는 이제야 깨닫는다. 우리는 새해 목표를 이렇게 잡아야 했다. '독서로 인해 어떻게 변하겠다, 독서를 통해 무엇을 얻겠다' 흔히 독서 자체를 목표로 잡는데 그렇게 하면 얻는 것이 없다. 우리는 독서를 통해 변해야 한다. 그리고 얻는 것이 분명해야 한다. 독서를 통해 얻고자 하는 것이 분명하지 않았기 때문에 우리는 매번 책을 읽겠다고 결심만 했다. 이제 나는 명확하게 목표를 설정한다. 독서를 통해 책 쓰는 법을 배우겠다고, 독서법에 필요한 지식을 얻기 위한 독서를 하겠다고.

19년 2월부터 나는 매일 책 읽기에 성공하고 있다. 왜냐하면 결심했기 때문이다. 단순히 책을 읽는 것이 아니라 책을 통해 변하겠다고. 그리고 무엇인가를 얻겠다고. 최근 나의 목표는 2가지다. 첫 번째는 책을 잘 읽는 법에 관련된 지식을 얻는 것이다. 두 번째는 책 쓰기에 도움이 되는 책을 읽는 것이다. 목표가 명확하므로 매일 성공한다. 이때 몇 권의 책을 읽었는지는 중요하지 않다. 책 한 권을 다 읽었는지도 중요하지 않다. 내가 설정한 목표를 이루는 독서를 하면 된다. 그것이 성공한 독서다.

첫 번째 목표인 책을 잘 읽는 법 관련된 지식을 얻기 위해 이런 책들을 읽고 있다. 도이 에이시 작가의『그들은 책 어디에 밑줄을 긋는가』, 이토 마코토 작가의『꿈을 이루는 독서법』, 하토야마 레히토 작가의『하버드 비즈니스 독서법』, 유근용 작가의『일독 일행 독서법』등. 독서법 관련된 책을 읽고 있다. 그리고 두 번째 목표인 책을 잘 쓰기 위해 이런 책들을 읽고 있다. 김태광 작가의『나는 직장에 다니면서 1인 창업을 시작했다』,『가장 빨리 작가 되는 법』,『1년에 10권도 읽지 않던 김대리는 어떻게

1개월 만에 작가가 됐을까』. 이런 독서를 통해 지금 책을 쓰고 있다. 이렇게 분명한 목적이 있는 독서가 성공한 독서다.

2015년, 2016년 새해에 각각 책을 읽겠다는 다짐을 했다. 2015년에는 독서 자체가 목적이었다. 독서 자체가 목표라 실패했다. 2016년에는 월 1권 책을 읽는 것이 목표였다. 이 역시 구체적 목표지만 실패했다. 책을 읽는 것 자체가 목표가 되어 실패한 것이다. 독서는 목표가 되어서는 안 된다. 독서는 도구다. 독서는 어떤 목표를 이루기 위한 수단이다.

이제 책 읽겠다는 결심을 하지 말자. 책을 읽고 어떻게 변하자는 결심을 하자. 혹은 책을 읽고 어떤 것을 얻겠다는 결심을 하자. 지속적이고 진정한 책 읽기는 이렇게 결심을 할 때 가능하다. 아직도 책 읽겠다는 결심만 반복하는가? 1년에 100권 읽기와 같은 결심을 하는가? 이제는 좀 제대로 결심하자. 독서를 통해 무엇인가 얻겠다고, 변화하겠다고.

05

1권 완독의 압박에서 탈출하다

"단순히 읽기 시작했다는 이유만으로 결코 책을 끝까지 읽지 마라."
- 존 위더스푼

책 1권을 다 읽고 얼마나 기억할까?

한 동료가 짜증이 난다며 나에게 왔다. 나는 왜 짜증이 나는지 물었다. 그 동료는 지난주 책을 샀는데 끝까지 읽기 어렵다고 이야기했다. 나는 그에게 다시 책을 읽으면 모든 내용이 기억나냐고 물었다. 그는 다 기억 안 난다고 말했다. 그렇다. 우리는 책을 다 읽어도 기억이 나지 않는다. 그럼 왜 책을 다 읽으려고 하는 걸까?

책을 처음부터 끝까지 다 읽는 주위의 몇몇 사람에게 물어봤다. 왜 책을 다 읽냐고. 누구는 돈이 아깝다고 대답했다. 돈 주고 책을 샀는데 당연히 처음부터 끝까지 봐야 한다는 것이다. 다른 사람은 그냥 한 번도 생각한 적이 없다면서, 왜인지는 모르지만 처음부터 마지막까지 다 읽는 것으로 생각했다고 한다. 또 다른 사람은 이렇게 대답했다. 학창시절 교과서를 처음부터 끝까지 다 읽은 것처럼 그대로 하는 것뿐이다.

아무래도 우리는 책 읽기 관련해서 강박관념을 가졌는지도 모르겠다. 책의 처음부터 마지막까지 다 읽어야 한다는 강박관념. 그리고 공교육에서 수년간 배워온 것처럼 책을 읽는지도 모르겠다. 우리는 단 한 번도 책을 어떻게 읽어야 하는지 배운 적이 없다. 학교에서는 교과서를 매일 처음부터 끝까지 꼼꼼히 봤다. 초등학교부터 고등학교까지 시간을 합하면 약 12년이다. 이렇게 긴 시간 동안 배운 것이 무의식의 습관을 형성했을지도 모르겠다.

나 역시 책을 처음부터 끝까지 읽었던 사람이었다. 사실 올해 초까지만 해도 이런 독서법에 자부심을 느끼고 있었다. 그리고 2011년부터 2012년까지는 정말 미친 듯이 책을 읽었던 사람이었다. 지금까지 내 인생에서 가장 많은 책을 읽었던 시기이다. 평일에는 하루에 1-2권씩 읽었다. 주말에는 하루에 3-4권씩 읽었다. 그리고 당시에 엄청 뿌듯해하면서 하루하루를 보냈던 기억이 난다. 그래서 나는 문득 궁금해졌다. 그렇게 많이 읽은 책 중에 기억나는 책들은 과연 몇 권이나 있을까?

그래서 책을 쓰는 이 순간에 당시 읽었던 책을 모아둔 책장 앞으로 가고 있다. 아, 다시 봐도 감격스럽다. 이 많은 책을 내가 읽었다는 생각에. 책장은 6개나 된다. 하지만 그중 기억나는 책은 없었다. 당시 내가 읽었던 10권 정도를 제외하고는 기억이 나지 않는다. 정말 충격적이다. 약

700~800권이나 되는 책 중에 정확히 기억나는 책은 10권 미만이었다.

몇 년이 지난 지금 기억도 나지 않는 책들을 나는 대체 왜 읽고 있었을까? 한순간의 자기만족으로 읽었던 것일까? 아니면 당시 책 읽기 열풍 그 대열에 참여했던 것일까? 혹은 남들에게 자랑하기 위한 책을 읽었던 것일까? 물론 10권 정도의 책의 내용과 느낌은 기억난다. 당시 나는 책 중에 자기계발 분야에 빠져 있었다. 그래서 이지성 작가의 몇몇 저서에 대한 기억은 뚜렷하다. 『꿈꾸는 다락방』, 『18시간 몰입의 법칙』 등의 책은 정말 생생히 기억난다. 하지만 그 외의 베스트셀러와 수많은 책의 내용은 전혀 기억나지 않는다.

순간 절망에 빠져버렸다. 그럼 그 시간 동안에 나는 얻은 것이 없던 것일까? 나는 왜 그렇게 책 읽기에 몰두했을까? 그 책들의 내용이 기억나지 않으리라 생각이나 했을까? 온갖 생각이 났다. 그러던 중 나는 이런 생각이 들었다. '혹시 2012년에 읽은 책이라서 그런 것은 아닐까?' 시간이 많이 지나면 기억은 사라지게 되어 있다. 2012년은 7년 전으로 당시 일들도 기억나지 않는데, 당연히 책 읽은 지 오래되어서 기억이 나지 않을 수도 있다고 생각했다. 그래서 최근의 읽은 책들 앞으로 다가가본다.

어차피 다 읽어도 기억이 안 난다

나는 또 다른 책장 앞으로 가고 있다. 2018년 연말부터 2019년 연초까지 읽었던 책을 보기 위해서다. 책장을 보니 약 30-40권이 있다. 베스트셀러 책들도 있다. 보고서 작성법 관련 책들도 있다. 조선 역사서 관련 책들도 있다. 2012년보다 비교적 최근에 읽은 책들이다. 하지만 그중 기억나는 책은 손에 꼽을 정도다. 『당신이 옳다』, 『신경끄기의 기술』 이렇게 2권 정도가 기억이 난다.

이 책들은 왜 기억에 남았을까? 이 책들도 내가 독서를 잘해서 기억이 남은 것이 아니다. 이 책들을 읽은 목적이 분명했기 때문이다. 당시 나는 회사 일로 인해 많은 스트레스를 받고 방황하고 있었다. 치유가 필요했다. 2권 모두 치유를 할 수 있는 책이었다. 그래서 정확히 기억한다. 『당신이 옳다』에서는 내 마음은 틀리지 않고 항상 옳다는 말을 한다. 그래서 내 마음을 틀리다고 몰아가면 안 된다고 말한다. 『신경끄기의 기술』은 정말 내가 집중하고 신경 써야 할 것에만 신경을 써야 한다고 말한다.

나의 2가지 사례로 봤을 때, 이런 생각을 한다. 책을 오래전에 읽었느냐, 최근의 읽었느냐의 문제는 아니었다. 책을 목적을 가지고 읽었느냐, 아니냐가 더 중요하다. 2012년에 읽었던 수많은 책 중에 기억나는 책은 몇 권 없다. 대부분 이지성 작가의 책들이다. 이때 나는 꿈을 찾기 위해 책을 읽었는데 그 목적과 책의 내용이 잘 들어맞았기 때문에 이지성 작가의 책들이 기억나는 것이다.

2018년 연말부터 2019년 연초까지 읽었던 책 중에서도 몇 권만 기억이 난다. 목적을 가지고 읽었던 책들만 기억난다. 바로 나 자신의 치유를 위해 읽은 책들만 기억이 난다는 이야기다. 사실 책을 다 읽을 필요도 없다. 다 읽어 봤자 기억이 안 난다. 지금 이 책을 읽는 독자들도 직접 예전 읽은 책들이 있는 책장 앞으로 가서 기억이 나는지 점검해보자. 수많은 책 중에서 몇 권만 기억날 것이다. 우리는 책을 다 읽을 필요가 없다. 어차피 기억나지 않기 때문이다. 오히려 나는 최근 2019년 2월부터 분명한 목적을 갖고 읽은 몇 권의 내용은 명확히 기억난다.

　2019년 2월부터 요즘까지 읽은 책으로는 크게 4가지 종류의 책들이 있다. 그것은 책 쓰기 관련 책들, 독서법 관련 책들, 마케팅 관련 책들, 부자와 관련된 책들이다. 이 책들은 정확히 기억난다. 어떤 내용이고 내가 그 내용을 어떻게 삶에 접목했는지.

　책 쓰기 관련 책으로는 나의 스승인 김태광 작가님의 『나는 직장에 다니면서 1인 창업을 시작했다』,『가장 빨리 작가 되는 법』,『1년에 10권도 읽지 않던 김대리는 어떻게 1개월 만에 작가가 됐을까』 등의 책들의 내용이 생생히 기억난다. 독서법 관련 책들로는 이토 마코토 작가의 『꿈을 이루는 독서법』, 하토야마 레히토 작가의 『하버드 비즈니스 독서법』, 도이 에이지 작가의 『그들은 책 어디에 밑줄을 긋는가』 등의 책들의 내용을 기억한다. 한 번을 읽어도 목적을 갖고 밑줄 치면서 그리고 감명 깊었던 부분은 페이지들을 접으면서 봤기 때문에 정말 생생히 기억난다.

　책을 다 읽지 못해 스트레스인 사람들에게 말한다. 책을 다 읽지 마라. 어차피 책을 다 읽어도 나중에 기억나지 않는다. 나 역시 그랬고 아마 이 책을 읽는 독자들도 기억나지 않을 것이다. 책을 골랐다면, 목차를 봐라. 목차에서 필요한 부분만 골라 읽어라. 필요한 부분만 골라서 봐도 충분히 독서라고 할 수 있다.

어차피 기억나지도 않을 책을 다 읽어서 뭐할 것인가? 책을 다 읽으려 하는 것은 교과서처럼 읽는 것과 다름없다. 학창시절 읽었던 교과서 내용이 모두 기억나는가? 장담하건대 그렇지 않을 것이다. 다시 한 번 책을 다 읽지 못해 스트레스인 사람들에게 말한다. 책을 다 읽지 마라. 책은 원래 필요한 부분만 보는 것이다.

독서를 위한 정소장의 시간 관리 전략
02 - 실현 가능한 목표를 정하라

시간 관리의 중요한 요소 중 하나는 목표를 정하는 것이다. 목표 없이 시간 관리만 해서는 의미가 없다. 왜냐하면 이루고자 하는 목표가 없다면 시간 관리를 해서 얻을 수 있는 것이 없기 때문이다. 원대한 꿈을 갖되 목표는 실현 가능하게 정해야 한다. 나는 항상 실현 가능한 목표를 정했다. 그리고 그에 맞게 시간 관리를 했다. 그렇게 차근차근 꿈을 이루어왔다.

고등학교 3학년 때 나의 꿈은 연세대학교에 입학하는 것이었다. 당연히 수능 전체 과목에서 1등급을 맞는 것이 최종 목표였다. 하지만 단기 목표는 실현 가능하게 세웠다. 당시 나의 모의고사 성적은 전과목 2-3등급 수준이었다. 내가 아무리 열심히 해도 몇 달 만에 수능 2, 3등급에서 1등급으로 올리는 것은 불가능했다. 그래서 먼저 3등급인 과목은 2등급으로, 2등급인 과목은 1등급으로 목표를 세웠다. 이렇게 현실적인 목표를 세워야 한다. 그래야 그에 맞는 시간 관리를 할 수 있다. 현실성 없는 목표를 수립하는 것은 시간 관리 자체가 불가능하다.

06

독서, 굳이 꼭 해야 할까?

"어리석은 사람은 이름난 작가의 것이라면 무엇이든지 찬미한다.
나는 오직 나를 위해서만 읽는다."
− 볼테르

독서 하지 않아도 된다

독서? 꼭 할 필요 없다. 책을 읽지 않아도 세상을 살아가는 데 전혀 문제없다. 그리고 독서 안 한다고 당장 피해가 생기는 것도 아니다. 우리는 책을 읽지 않아도 즐겁고 행복하게 살 수 있다. 나 역시 예전에는 독서가 꼭 필요하다고 생각하지 않았다. 사실 나는 대학교 3학년까지 책 한 권 읽지 않았던 사람이었다. 독서를 전혀 하지 않고 22년을 보낸 것이다. 독서를 전혀 하지 않아도 남들과 같이 살아가는 데 전혀 문제가 없었다. 그렇게 독서 없이 공부하며 학창시절을 보냈고 대학도 나름 잘 갔다. 2007년 서울대학교에 입학한 것이다.

대학교 3학년 전까지 내가 읽은 것은 이런 책들뿐이었다. 수능에 필요한 수험서, 대입 자기소개서 한 줄 추가를 위한 책. 이런 책 말고는 단 1권도 읽은 책이 없었다. 독서보다 재밌는 것들이 많았다. 축구, 게임, 술 마시기, 친구들과 놀기, 애인과 행복한 시간 보내기 등. 심지어 그냥 침대에 누워 있어도 책 읽는 것보다 재밌었다. 책 없이 살 수 있지만 내 삶속에 내가 있었는지는 잘 모르겠다. 나는 내가 누구인지 모르고 계속 살았다.

2009년 여름 나는 책을 읽기로 마음먹었다. 막연히 아무 목표 없이 책 읽기를 해서일까? 주위에 가장 독서를 많이 하는 친동생에게 물었다. 독서가 왜 그렇게 재밌냐고. 그런 동생은 대답했다. 그냥 재밌다고. 내 동생은 독서광이었다. 아직도 기억난다. 동생은 화장실에 들어가서도 책을 읽던 게 그 시절 아침 풍경이었다.

동생은 많은 책을 읽었다. 그중에서도 가장 여러 번 읽은 책은 조앤 K. 롤링의 『해리포터』 시리즈다. 동생은 이 소설책을 각각 20번도 넘게 읽었다. 책을 보면 너무 읽어서 낡은 흔적이 보였다. 책등이 완전히 갈라진 책도 있었다. 나는 문득 궁금했다. 동생이 왜 이렇게 열심히 책을 보는 걸까.

그래서 나도 동생을 따라 『해리포터』 시리즈를 읽어보기로 했다. 나는 그때 책과 별로 안 친하다는 것을 알게 되었다. 내가 동생뿐만 아니라 전세계 사람들이 열광한 책인데 나는 책을 펴자마자 자곤 했다. 그런데 그냥 포기할 수만은 없었다. 수많은 사람이 재밌게 봤다고 하는 책이 재미가 없다고 인정하기가 부끄러웠다. 그렇게 몇 번이나 시도했을까? 책을 보다가 자고, 또 책을 펴면 보다가 자고, 거짓말 안 보태고 거의 20번은 책을 보다가 잔 것 같다. 결국, 전 세계 사람들이 열광한 그 책을 읽기 포기했다.

해리포터를 읽다가 포기했던 당시의 내가 지금의 나를 상상이나 할 수 있었을까? 내가 운영하는 네이버 카페, 〈한국위닝독서연구소〉로 사람들이 종종 온다. 그들은 독서가 꼭 필요한지 묻는다. 2009년의 나라면 절대 이렇게 말을 못 했을 것이다. 하지만 이제 말할 수 있다. 당신이 이런 사람이라면 꼭 책을 읽어야 한다. 자신이 누구인지 알고 싶은 사람. 성공하고자 하는 사람. 그 이유는 독서가 나 자신을 알 수 있는 가장 빠르고 쉬운 길이기 때문이다. 그뿐만 아니라 성공하고자 하면 가장 기본이 되는 것이기 때문이다.

내가 누구인지 알기 위해 독서 외에 다른 방법이 많다. 성격검사, 성향검사, 상담, 컨설팅 기타 등. 또한 성공하기 위해 독서 말고도 다른 방법이 많다. 무엇이 있을까? 멘토 만나기, 기술 전문가 되기 등. 하지만 분명 알아야 할 것이 있다. 결국, 주체가 '나'라는 것이다. '나'를 알기 위해서는 가장 좋은 방법이 '나'와 대화하는 것이다. 마찬가지로 성공하기 위해서 결국 '나'의 변화가 필요하다. 내가 누구인지 아는 방법 중 가장 쉽고 빠른 것이 독서다.

2009년 해리포터도 읽지 못하는 내가 2010년에는 책을 여러 권 읽게 된다. 이렇게 독서를 시작한 계기가 있다. 바로 당시 같이 '서울대 청소년 리더십 콘퍼런스'를 운영한 I팀장 덕분이다. 그는 독서광이다. 나는 I팀장을 존경했다. 그가 하는 모든 것을 따라 하고 싶었다. 말투, 옷, 생각, 취미 등. 그 와중에 I팀장이 독서를 좋아한다는 것을 알게 되었다. 그래서 나도 다시 독서를 시도했다. 독서를 하면서 내가 누구인지 알게 되었다. 일단 나는 소설류는 좋아하지 않았다. 자기계발서를 좋아했다. 나는 내가 자기계발을 좋아하고 성공을 원하는 사람이라는 것을 알게 되었다.

나는 성공을 갈망했다. 그래서 어떤 책을 읽을지 고민하다가 선택했다. 위인전을 읽기로 했다. 명진출판사에서 출간된 'OOO 이야기 시리즈'를 모두 사서 봤다. 오프라 윈프리, 워런 버핏, 스티비 원더, 스티브 잡스 등 성공한 사람들의 이야기가 담긴 책이었다. 처음 독서를 시작한 나에게 가장 적합한 책이라서 단숨에 책들을 읽어버렸다. 책을 통해 나는 내가 누구인지 점점 뚜렷하게 알 수 있었다.

독서로 '나'를 세우다

직장을 다니면서도 '나'를 잃어버리는 사람들이 많다. 내가 무엇을 좋아하는 사람이었는지, 나의 꿈은 무엇이었는지, 내가 무엇을 하고 싶었던 사람인지를 잊고 일을 하다 보면 그 일을 하는 사람이 되기 쉽다. 그런데 나를 잃어버리면 삶 전체를 잃어버리는 것과 마찬가지다. 삶을 살아가는 데 중심은 '나'여야 한다. A라는 일을 하는 사람으로 혹은 B라는 일을 하는 사람으로 규정하면 안 된다. 아무리 일에 치여살더라도 '나'를 잃어버리면 안 된다.

나는 내가 누구인지 항상 고민해왔다. 나는 정말 내가 누구인지 알고 싶었다. '나'라는 사람을 정의하고 싶었다. 그러기 위해 내가 무엇을 좋아하는지 알아야 했다. 그리고 내가 무엇을 할 때 행복하다고 느끼는지, 나의 꿈은 무엇인지, '나'와 관련된 모든 것을 알아야 했다. 하지만 방법을 알지 못했다. 나는 직장의 K선배에게 나의 고민과 해결책에 대해 물어봤다. 당시 회사의 양성 과정으로 MBA를 갔다 온 그 선배에게 답을 얻을 수 있었다.

그 선배는 너무 공감 가는 고민이라며 자신도 그런 고민을 했다고. '나'와의 대화를 많이 함으로써 해결할 수 있다고 말했다. 그 선배는 나에게 물었다. 여태까지 살면서 자신과 대화를 얼마나 했냐고. 망치로 한 대 얻어맞은 기분이었다. 돌이켜 생각해보면 다른 사람들과 대화를 많이 했지만 '나' 자신과 대화를 한 적은 정작 별로 없었다. '나'를 알고자 했는데, 정작 '나'와 대화한 적은 없었다. 그래서 당시 나는 '나'와 대화하기 위해 치열하게 고민했다. 그 방법이 독서다. 독서를 통해 '나'와 대화할 수 있었다.

그래서 '나'라는 키워드로 검색해서 책을 읽었다. 그뿐만 아니라 읽고 나서 생각을 골똘히 할 수 있는 책들도 읽었다. 그 결과 독서를 통해 '나'를 알 수 있었다. 수많은 시간 나와 대화하면서 내가 무엇을 할 때 행복한지 알 수 있었다. 나는 누군가에게 선한 영향을 펼칠 때 행복했다. 강연이나 강의를 하는 것이 여기에 해당했다. 그리고 내가 무엇을 잘하는지도 알 수 있었다. 그뿐만 아니라 나는 독서를 통해 잠자고 있던 '꿈'을 찾게 되었다. 누군가는 살아가는 동안 '나'를 알게 된 것만으로도 성공이라고 했다. 내가 '나'를 정의하면 어떤 바람에도 흔들리지 않고 나아갈 수 있다.

독서는 나를 알 수 있는 가장 쉽고 빠른 방법이다. 인생에서 나를 안다는 것은 가장 중요하고 시급한 문제다. 나는 독서를 통해 나를 알게 되었다. 내가 무엇을 좋아하고 어떤 사람인지 알게 되었다. 나는 선한 영향을 펼치는 것을 좋아하고 변화를 통해 성장을 갈망하는 사람이었다. 항상 성장하고 성공하고 싶었다. 독서, 꼭 해야 한다. 나 자신을 알아가기 위해서.

07

바쁜 직장인일수록 독서하라

"책 없는 방은 영혼 없는 육체와도 같다."
— 키케로

독서를 통해 얻은 것

2018년 6월 1일의 일이다. 전 세계 투자의 귀재 워런 버핏과의 점심 식사 기회가 경매에 나왔다. 얼마에 낙찰되었는지 아는가? 무려 35억 5천만 원이다. 상상이 되는가? 강남의 비싼 아파트 1채 값이다. 왜 이런 말도 안 되는 가격에 낙찰이 되었을까? 그만큼 워런 버핏과의 점심 식사 시간이 가치가 있다는 말이다. 2013년의 일이다. 애플의 CEO 팀 쿡과의 점심 식사 기회가 경매에 나왔다. 얼마에 낙찰되었을까? 워런 버핏만큼은 아니지만 7억 원에 낙찰되었다. 이 역시 엄청난 금액이다.

왜 이렇게 비싼 금액을 주고서라도 그들과 점심을 먹으려고 할까? 성공자 혹은 현자와의 대화는 그만큼 가치가 있다는 이야기다. 그뿐만 아니라 대화를 통해 얻는 것이 많다는 말이다. 그러므로 많은 사람이 아무리 돈을 많이 내더라도 낙찰받으려고 하는 것이다. 하지만, 우리는 35억 5,000만 원, 7억 원이 아니라 단돈 1만3,000원에서 2만 원으로 그들을 만날 수 있다. 바로 그들의 저서를 사서 읽어보는 것이다.

당신은 직장인인가? 그렇다면 책을 읽어야 한다. 바쁜 직장인인가? 바쁠수록 책을 읽어야 한다. 바빠서 회사 일만 하면 어떻게 될까? 바쁘게 회사 일만 하다가 끝난다. 우리도 좀 바쁘지 않게 살아보자. 그러면 어떻게 해야 할까? 지금의 상태에서 우리가 가고자 하는 방향으로 우리의 의식과 행동이 변해야 한다. 지금 상태로 아무것도 하지 않는다면 변할 수 없다. 의식과 행동을 변하는, 가장 쉬운 방법이 독서를 통해 변하는 것이다.

당신은 성공한 사람을 만날 만큼의 돈을 가지고 있는가? 그렇지 않다면 책을 읽어야 한다. 돈이 많아서 성공한 사람을 직접 만나 그로부터 지혜를 얻는 것이 제일 빠르게 성공하는 방법이다. 하지만 돈이 없다고 해서 불가능한 것도 아니다. 책을 통해 성공한 사람을 만나면 된다. 그의 생각과 의식에 한 발짝 다가갈 수 있다. 독서를 통해 지혜를 얻으면 내가 원하는 영역에서 특출난 성과를 낼 수 있다.

나는 삼성전자 인사팀에서 일하고 있다. 그런데 가만히 보면 일을 잘한다는 사람들은 모두 책을 읽는다. 내 주위에 일 잘하는 사람 2명을 소개하겠다. 한 명은 내 옆자리에 있는 선배 J이다. 다른 한 명은 동기 R이다. 그들은 선배, 후배, 동료들 사이에서 일을 잘하기로 정평이 나 있다.

J선배는 우리 부서에서 혁신적인 일을 했다고 칭송받는 인물이다. 그와는 2016년부터 같이 일을 했다. 혁신적인 일은 무엇일까? 혁신적인 일이란 전에 없던 일을 하는 것이다. 기존에 없던 일을 새로 창조한다면 그것이 바로 혁신적인 일이다. 그 선배는 기존에 없던 일을 하고 대표이사에게 보고했다. 우리 부서 처음으로 대표이사에게 보고했다고 들었다. 높은 직위에 있는 상급자에게 보고한다는 것은 어떤 의미인가? 바로 그만큼 가치가 있는 일을 했다는 의미이다.

그래서 나는 항상 궁금했다. 어떻게 J선배가 일을 잘할 수 있는 것인지. 요즘 옆에서 보니 이유를 알게 되었다. 그는 항상 책을 읽는다. 자리에 책이 기본 20권씩 있다. 업무와 관련된 책 10권씩 보면서 일을 한다. 최근 내가 업무가 막혀서 보고를 못 하고 있다가 J선배에게 도움을 청했다. 그는 나를 회의실로 데려갔다. 그리고 관련 책 5권을 가지고 왔다. 1시간 만에 보고서가 뚝딱 나왔다. 보고서에 필요한 부분을 책에서 골라서 읽었다. 그렇게 일을 완성했다. 직장인 중에서도 일을 잘하고 싶다면, 책을 반드시 읽어야 한다.

일이든 공부든 그 영역에서 탁월한 성과를 내기 위해서는 멘토가 필요하다. J선배에게 멘토는 책이었다. 책을 보면서 밑줄도 긋는다. 그리고 필요한 부분은 접어서 표시해 놓는다. 그러면 나중에 다시 찾아볼 수 있다. 앞서 워런 버핏과의 점심 식사가 고가에 낙찰되었다고 말했다. 그는 낙찰자에게 멘토 역할을 해주는 것이다. 그런 현자와 점심 식사를 고가에 낙찰받을 수 없는 우리 직장인들은 다른 방법을 이용해야 한다. 바로 멘토로 생각하는 사람의 책을 구매해서 읽으면 된다. 멘토를 만나는 가장 빠르고 쉬운 방법이다.

최고의 멘토, 독서

또 일을 잘하는 동기 R은 카피라이터로 유명하다. 똑같은 메일을 보내도 사람들이 더 많이 열어본다. 한 번은 이런 일이 있었다. 사내 OPIc 시험을 보라고 임직원에게 안내했다. 보통 사람들은 이렇게 메일 제목을 쓴다. '12월 X일 X요일 18시 사내 OO 건물 OPIc 평가 접수 시작' 대부분 임직원이 안 읽는다. 그런데 R은 같은 목적의 메일을 보내도 달랐다. '미루다 미루다 여기까지 왔습니다. 저도 올해 마지막 시험 보렵니다.' 메일 제목부터 클릭하고 싶어진다.

또 이런 메일을 보낸 적도 있다. 우리 회사에서는 플라스틱 일회용 사용을 줄이기 위해 텀블러 사용 권장 캠페인을 하고 있다. 보통의 담당자들은 이렇게 메일을 보낸다. '3월 2일 목요일 08시 XXX 교육 텀블러 지참하세요.' 그러나 R은 달랐다. '지식은 머리에, 음료는 텀블러에' 제목만 봐도 무슨 의미인지 알겠고 참신하다. 실제 R과 나는 메일 제목을 다르게 보낼 때 메일 개봉률을 비교해봤다. 메일을 R과 같이 보내면 개봉률이 거의 80%에 육박했다. 하지만 보통의 제목으로 메일 보낼 때는 30%

내외로 개봉했다.

　그런 그에게 나는 물어봤다. 어떻게 그렇게 메일을 잘 보낼 수 있냐고. 그는 대답했다. 꾸준한 독서에서 영감을 얻는다고. 그래서 그의 생활을 유심히 지켜봤다. 그는 매일 책을 읽는다. 그리고 필요하면 필사도 한다. 심지어 그는 여행 가서도 책을 본다. 같이 간 친구들이 물어본다고 한다. 왜 여행 와서까지 책을 보느냐고. 그때 그는 이렇게 대답했다고 한다. 지금 안 보면 언제 보느냐고. 그의 참신한 메일 보내기의 저력은 바로 독서의 힘이다.

　나도 독서를 시작으로 변하고 있다. 이공계 대학을 졸업한 일반 직장인이 작가의 꿈을 꾸고 있다. 작가가 될 수 있다고 생각했다. 심지어 베스트셀러 작가를 꿈꾸고 있다. 이것만으로도 큰 변화다. 내가 이런 생각을 할 수 있게 해준 책이 있다. 바로 김태광 작가님의 『반 꼴찌, 신용불량자에서 페라리, 람보르기니 타게 된 비법』이다.

　사실 나는 공동저서로 이미 책을 한 권 썼다. 2019년 3월 22일 금요일에 공동저서를 쓰고 꿈을 꾸기 시작했다. 나는 매일 작가가 되는 꿈을 꾼다. 그리고 책 한 권 쓰지 않았던 내가 베스트셀러 작가를 꿈꾼다. 그리고 이렇게 원고를 쓰고 있다. 독서가 없었다면 감히 꿈도 꾸지 못했을 일이다.

　당신은 직장인인가? 바쁜 직장인인가? 이제는 좀 변하고 싶은가? 그렇다면 반드시 독서를 해야 한다. 멘토가 있으면 더 빨리 변할 수 있다.

멘토가 없는가? 그렇다면 책을 멘토로 삼아보자. 책을 통해 작가의 지혜와 생각을 배울 수 있다. 그때 우리는 더 빨리 변할 수 있다.

일을 잘하고 싶다면 반드시 독서를 해야 한다. 독서를 통해 일하는 방법을 배울 수 있을 뿐만 아니라 다른 영역에서도 독서는 도움이 된다. 일을 잘하는 사람들은 대부분 독서를 꾸준히 한다. 독서를 한다고 모두 일을 잘하지는 않는다. 하지만 일 잘하는 사람들 치고 독서를 하지 않는 사람은 거의 없다. 당신은 바쁜 직장인인가? 지금 당장 독서를 시작해보라.

08

퇴근 후 독서가 진짜 자기계발이다

"좋은 책을 읽는 것은 과거의 뛰어난 사람들과 대화를 나눈 것과 같다."
– 데카르트

퇴근 후 공부를 하는 직장인

'샐러던트'라는 말은 샐러리맨과 '학생'을 의미하는 스튜던트가 합쳐져서 만들어진 신조어다. 직장인들 중에서도 공부하는 사람들을 가리킨다. 샐러던트는 새로운 분야를 공부하거나 자신이 있는 분야에 전문성을 높이기 위한 공부를 한다. 우리나라 직장인들이 얼마나 자기계발을 열심히 하면 이런 신조어까지 생겼을까?

2019년 3월 잡코리아와 알바몬에서 직장인 1,907명 대상으로 실시한 통계에 따르면 직장인 5명 중 2명은 공부한다고 한다. 도대체 무슨 이유로 하는 것일까? 고용에 대한 불안감과 퇴사 후 대비를 위해 50.9%, 일을 하며 부족하거나 필요한 부분이 있어서 42.5%, 개인적인 흥미나 자기만족을 위해 31.7%, 승진이나 연봉 협상 등 직장 내에서의 발전을 위해 29.3%, 이직 준비를 위해 19.1%라고 한다.

　개인적인 흥미, 자기만족을 제외하고 모두 부족한 무엇인가를 채우기 위해서 공부한다. 특히나 고용에 대한 불안감과 퇴사 후 대비가 50.9%나 된다는 것은 생각해볼 만한 일이다. 미래에 대한 불안감이 그만큼 크다는 말이다. 모두 직장이 언제까지 나를 지켜주지 않는다는 것을 알고 있다. 그래서 이렇게나 많은 비율의 사람들이 공부하는 것이다.

　일을 하며 부족하거나 필요한 부분이 있어서도 42.5%나 된다. 나도 외국어 담당 업무를 할 때 부족한 부분이 있어 공부를 했다. TESOL이라는 자격증을 취득했다. 이 자격증은 영어를 제2외국어로 배우는 사람들에게 영어를 가르치는 데 필요한 것들을 알려준다. 당시 외국어 담당자로서 영어 실력뿐만 아니라 다른 능력도 필요하다고 생각했다. 그래서 외국어 수업을 잘하는 강사들을 직접 눈으로 보고 무엇이 다른지 확인하고 싶었고, 그것에 도움이 되는 자격증이라고 생각해서 취득했다.

　승진이나 연봉 협상 등 직장 내에서 발전을 위해서가 29.3%다. 특히나 직장 내 승진을 위해 요즘 영어회화자격증은 꼭 필요하다. 우리 회사에서는 오픽 자격증이 필요하다. 그래서 나도 한때 오픽 자격증 취득을 위해 공부한 적이 있다. 물론 요즘에도 한다. 나뿐만 아니라 대부분의 직장인이 영어 회화 자격증 취득을 위해 매년 학원으로 몰리고 있다.

　이직 준비를 위해서는 19.1%를 차지한다. 하지만 나는 아직까지 이직을 위한 준비를 위해 공부한 적은 없다. 아직 30대 초반이라서 그럴까? 다만 개인적인 흥미, 자기만족을 위해 공부가 아닌 다른 것들을 배운 적은 있다. '스피닝'이라고 신나는 음악에 몸을 맡기고 하체는 자전거 페달을 밟는 운동이 있는데, 신나게 배웠다. 그리고 스피치에 도움이 될 것으로 생각되서 성악을 배운 적이 있다. 성악을 위해 발성을 교정할 수 있었다.

퇴근 후 진짜 공부를 하게 된 직장인

그리고 요즘은 내 인생을 위해서 독서 공부를 하고 있다. 제대로 된 독서법을 공부하고 있다. 이렇게 독서법 관련된 책을 쓸 수 있게 된 이유도 제대로 된 독서법 덕분이다. 그동안 내가 공부들을 왜 했는지, 제대로 공부는 한 건지, 나의 삶에 변화를 준 것은 있는지 이 3가지에 대해 말해보겠다.

첫째, 나는 승진을 위해 영어 공부를 했다. 오픽이라는 자격증을 취득하기 위해 공부를 했다. 우리 회사에서 승격하려면 오픽 점수가 필요하다. 그래서 반드시 오픽 자격증이 있어야 한다. 2014년 나는 신입사원 때 오픽 자격증을 취득했다. 오픽 등급은 이런 순서로 되어있다. AL, IH, IM3, IM2, IM1, IL, NH, NM, NL순으로 되어있다. AL이 제일 높고 NL이 제일 낮다. 신입사원 때 나는 IM1 등급을 가지고 있었다. 그런데 회사 승진에 좀 가점을 잘 받으려면 IM3 정도는 취득해야 했다. 신입사원 교육 기간에는 17시에 끝나면 시간이 많이 남았다. 그래서 이 기간에 꼭 따야겠다고 생각했다.

그리고 강남 어느 오픽 학원 평일 화목반에 등록하고 신입사원 교육이 끝나면 수업을 듣곤 했다. 어느 질문이든 대답할 수 있는 스크립트 같은 걸 달달 외우라고 받았다. 몇 개 스크립트만 외우면 충분히 IM3 이상을 취득할 수 있다고 했다. 그래서 나는 열심히 외웠다. 그리고 한 단계 높은 IH를 취득했다.

결론적으로 IH를 취득해서 목표는 이룬 셈이 된 것이다. 당시에 너무 신났다. IH를 취득하리라고는 생각하지 않았기 때문이다. 하지만 취득한 날 스스로 기쁘고 만족하기만 했다. 자격증 취득을 위한 공부는 한 것이지만 정말 내 인생을 위한 공부였는지는 다시 생각해볼 일이다. 순수히 영어 회화 실력을 높여서 취득한 것이 아니어서 언젠가는 만료될 자격증이었다. 진짜 내 인생을 위한 공부를 해야 되겠다고 생각했다면 영어회화 실력을 길러야 했다.

그렇다면 오픽 자격증 취득을 통해 나의 삶에 변화가 있었을까? 물론 주위에서 부러워했다. 단기간에 어떻게 취득했냐며 비법을 물어오기도 했다. 하지만 정작 내 자신은 만족한 공부는 아니었다. 왜냐하면 일시적인 자격증 취득이었기 때문이다. 내 삶에 진정한 변화를 가져오려 했다면 자격증 취득을 위한 공부가 아니라 영어 회화 실력을 높이기 위한 진짜 영어 공부를 해야 했다.

둘째, 2017년에 나는 테솔(TESOL) 이라는 자격증을 취득했다. 당시 나는 외국어 교육 담당자였다. 대부분의 회사와 같이 우리 회사도 외국어 업체를 통해 임직원들에게 교육을 제공한다. 당시 나는 이런 생각을 했다. 결국 임직원들의 외국어 능력 향상을 위해서는 가르치는 선생님들이 좋아야 하는데, 그 선생님들이 어느 정도 수준인지, 어떤 방식으로 가르치는지 등을 알아야했다. 그래야 수준 높은 강사인지 아닌지를 알 수 있었다. 그래서 그들이 취득하는 자격증을 나도 취득해보기로 했다. 업무 영역에서 부족하다고 생각된 부분의 공부를 한 것이다.

원래 테솔은 오프라인 과정에서 들어야 하는 것이지만 온라인 과정도 있기에 온라인 과정을 수강했다. 그리고 과정을 듣고 취득했다. 비용도 얼추 200만 원 정도 들었던 것으로 기억한다. 취득하고 당당히 자격증을 회사에 등록했다. 주위 동료, 선배들은 대단하다며 칭찬했다. 그리고 외국어 교육 전문가로 인정해주기 시작했다. 하지만 이 자격증 취득 역시 내 삶에 변화를 준 공부는 아니었다. 결론적으로 나에게 남은 것은 없었다. 게다가 온라인 과정이었기 때문에 시간이 지나자 내용도 거의 잊었다.

마지막으로 독서다. 2010년부터 나는 독서를 하고 있다. 당시 어떻게 책을 읽는 것이 제대로 된 방법인지 몰랐다. 그래서 누구나 그렇듯 책의 서문부터 끝까지 모두 읽었다. 그냥 읽기만 했다. 그렇게 2019년 2월까지 약 10년 동안 아무런 방법도 모른 채 책을 읽었다. 그리고 2019년 3월부터 제대로 된 독서법을 공부하고 있다. 그래서 이렇게 책도 쓰고 있다. 제대로 된 독서는 내 인생을 송두리째 바꿔준다. 그 증거가 바로 내가 독자에서 저자가 되는 것이다. 다른 공부와 다른 게 독서 공부는 내 삶에 큰 영향을 주었다. 제대로 된 공부법인 것이다. 책을 쓴다는 것보다 더 대단한 영향을 주는 것이 있을까?

우리 직장인들은 퇴근 후 많은 공부를 한다. 노후 대비를 위한 공부, 승진을 위한 공부, 이직을 위한 공부 등 여러 목적이 있다. 누군가는 외국어 자격증 취득을 한다. 또 누군가는 업무에 필요한 자격증 취득을 위해 공부하기도 한다. 이때 질문해봐야 할 것이 있다. 내가 왜 이 공부를 하는지, 이 공부가 내 삶에 어떤 변화를 줄지, 이 모든 것을 생각해봤을 때 독서가 제일이다. 나의 삶에 큰 변화를 줄 수 있는 가장 효과적인 공부가 바로 독서다. 퇴근 후에 어떤 공부를 할지 망설이는가? 이제는 독서를 해야 할 때다. 퇴근 후 독서가 답이다.

2장

퇴근 후 1시간,
삶을 바꾸는 독서 습관

01

단 1권을 읽어도 인생이 바뀐다면!

"우리가 변하기 전엔 아무것도 변하지 않는다."
– 앤드류 매튜스

독서의 양보다 질에 집중하라

"야, 이번 달 책 몇 권 읽었냐?"

"정소장! 이번 달에는 책 몇 권이나 읽었나요?"

책을 읽는다고 하면 대부분 사람이 나에게 묻는 말이다. 대부분의 사람은 독서의 양을 제일 중요하게 생각한다. 그래서 한 달에 몇 권 읽었느냐를 말하고 다닌다. 그리고 서평을 작성해도 책에 대해 분석하거나 책에 관한 내용을 요약한다. 이번 달에 독서 몇 권을 했다고 대단한 듯 말하고 다닌다. 양에 치우치니 많이 빨리 읽으려고만 한다. 하지만 아무리많은 책을 읽었어도 실천을 하지 않았다면 그 독서는 의미가 없다. 그저책의 양에만 집중하면 시간, 돈, 에너지를 낭비하는 것이다.

우리는 결과물이 있는 독서를 해야 한다. 목적이 무엇이 되었든 그 목적을 이루기 위한 독서를 해야 한다는 의미다. 생각해보면 초중고 시절 정말 목적에 맞는 독서를 했다. 물론 그 목적이 우리 삶에 효과적이었는지는 다시 질문해봐야 할 일이다. 하지만 당시 독서는 정말 목적이 분명했다. 교과서를 볼 때 목적은 무엇이었을까? 바로 시험 문제를 맞히는 것이다. 그래서 교과서에 밑줄을 치며 외웠다. 정말 중요한 부분은 형광펜으로 표시까지 했다. 그리고 선생님 말씀을 받아 적었다.

그런데 직장인인 지금 우리의 독서는 어떨까? 여전히 독서의 양이라는 강박관념에 사로잡혀 있다. 언론에서도 책 읽는 양과 관련된 통계를 낸다. 직장인들은 책을 그저 읽고 언제 그랬냐는 듯 평상시와 같은 삶을 산다. 이렇게 책을 읽으면 안 된다. 우리는 독서의 목적을 분명히 해야 한다. 그리고 그 목적을 달성하기 위한 독서를 해야 한다. 그런 독서를 할 수 있다면 설사 1페이지를 읽더라도 의미가 있는 독서다. 아니 1줄만 읽었더라도 실천을 통해 목적을 달성한다면 의미가 있는 독서다.

나 역시 독서의 양에 집중해서 읽던 때가 있었다. 2012년이었다. 이지성 작가의 『독서 천재가 된 홍대리』라는 책을 읽었다. 그리고 양에 치우친 독서를 시작했다. 양에 치우친 독서를 하다 보니 쉬운 책만 골라 봤다. 나와 전혀 상관없는 책들도 봤다. 가장 대표적인 예가 'OO 천재가 된 홍대리' 시리즈를 모두 봤다는 것이다. 이 시리즈가 어떤 주제까지 있는지 아는가? 회계, 세일즈, 와인, 영어, 일본어, 협상, 중국, 경매, 연애, 골프, 마케팅, 환율까지 다양하다.

이중에 내가 보고 실천했던 책이 몇 권이나 될까? 영어 하나다. 나머지 책들은 도대체 왜 읽었는지 이해가 안 된다. 특히, 다른 것들이야 언젠간 도움이 된다고 100번 양보하자. 골프 분야는 정말 왜 읽었는지 지금의 나로서는 이해할 수 없다. 결국, 당시에 나는 양에 치우쳐서 닥치는 대로 아무 목적 없이 읽었다. 내가 그때부터 제대로 된 독서를 시작했다면 지금 얼마나 변해 있을까? 아쉬운 만큼 제대로 된 독서를 해야 할 때이다.

제대로 된 독서를 하지 않으면 얻는 것이 없다. 계속 양에 치우친 독서를 통해 시간을 낭비하겠는가? 시간의 중요성에 관련하여 1가지 질문을 하고 싶다. 이지성 작가가 한 질문인데 아직도 기억한다. 당시에 정말 큰 깨달음을 얻었다. 우리의 통장에 86,400원이 매일 들어온다고 생각해보자. 이 돈을 안 쓰면 없어진다. 매일 다 쓰겠는가, 안 쓰겠는가? 당연히 86,400원 모두 다 쓸 것이다. 찾아서 다른 적금을 할 수도 있다. 아니면 책을 사서 볼 수도 있다. 밥을 사 먹을 수도 있다. 무조건 써야 한다. 안 쓰면 바보다.

하루는 24시간으로 이루어져 있다. 1시간은 60분으로 이루어져 있다. 1분은 60초로 이루어져 있다. 24×60×60은 얼마일까? 86,400초다. '나'라는 은행으로 매일 86,400초가 입금된다. 그리고 하루에 사용하지 않으면 없어진다. 남지 않는다. 우리는 86,400초를 가치 있게 사용해야 한다.

그런데 왜 우리는 돈 100원은 아까워하면서 10분이라는 시간은 아까워하지 않을까? 돈은 언제든 다시 벌 방법이 많다. 하지만 시간은 절대 되돌릴 수 없다.

시간을 가치 있게 생각한다면 지금 당장 제대로 된 독서를 해야 한다. 우리에게 주어진 86,400초를 가치 있게 사용하고 싶은가? '나'라는 주인공이 출연하는 내 삶을 가치 있게 만들고 싶은가? 그렇다면 010-2682-7203으로 연락해라. 제대로 알려주겠다. 지금까지의 양에 치우친 독서가 아닌 내 삶을 변화시키는 진짜 독서법을 알려주겠다.

진정한 독서의 시작

그러고 보면 나는 올해 2월부터 진짜 독서를 한 셈이다. 올해 2월 나는 5일간 휴가를 보냈다. 언제나 그렇듯 올해도 독서 휴가를 보냈다. 양에 치우친 독서를 하고 있던 나는 평소 보고 싶었던 책들을 모조리 샀다. 일요일 오후 나는 성악 개인지도를 받으러 서울의 증산역으로 가고 있었다. 가는 길에 오성숙 작가의 『강의 잘하는 기술』을 읽고 있었다. 평소 강의와 강연에 관심이 많았기 때문이다. 그 책을 읽다가 필연적으로 김도사님을 알게 되었다. 바로 그가, 오성숙 작가가 책을 쓰도록 코칭해준 사람이었던 것이다.

정말 특이했다. 본명은 김태광인데 필명이 김도사였다. 도사? 왠지 동양 종교 느낌도 들었다. 하지만 그것이 나의 운명을 송두리째 바꿀 줄은 당시에는 몰랐다. 마침『강의 잘하는 기술』책을 다 읽었다. 그래서 버스 중간에서 내렸다. 광화문 교보문고로 갔다. '김도사', '김태광' 키워드로 광화문 교보문고에서 책을 검색했다. 재밌어 보이는 책을 모두 샀다.『반 꼴찌, 신용불량자에서 페라리, 람보르기니 타게 된 비법』,『가장 빨리 작가 되는 법』,『김대리는 어떻게 1개월 만에 작가가 됐을까』등. 그리고 나는 도사님을 찾아 한책협 네이버 카페로 갔다. 그리고 나는 책을 쓰게 됐다.

만약 내가 아직도 예전처럼 양에 치우친 독서를 했다면 어떻게 되었을까? 읽기 쉬운 책들만 여전히 골라보고 있을 것이다. 그리고 내가 가지고 있는 문제를 해결하지 못했을 것이다. 책을 읽음으로써 나에게 어떤 도움이 될지 생각하지 않았을 것이다. 그런데 나는 지금 독서법 관련된 책을 쓰고 있다. 양에 치우친 독서로 아무 상관없는 책들을 읽었다면 책을 엄청나게 늦게 쓰거나 못 쓸지도 모를 일이다.

요즘 나는 제대로 된 독서를 하고 있다. 양의 고정 관념에서 벗어났다. 질의 독서를 하기 시작한 것이다. 나는 이공계 대학을 졸업했다. 글쓰기 실력도 엉망이다. 논술시험이라는 깃도 단 한 번도 지른 적이 없다. 그리고 평범한 직장인으로 IT업계 사무직에 종사하고 있다. 그런 내가 책을 쓰고 있다. 내가 아직도 양에 치우친 독서를 하고 있다면 책을 쓰지 못했을 것이다. 독서법 관련된 책을 쓰기 위해서는『하버드 비즈니스 독서법』, 『꿈을 이루는 독서법』, 『그들은 책 어디에 밑줄을 긋는가』 이렇게 단 3권을 읽어도 책을 쓸 수 있다.

그뿐만 아니라 관련된 경쟁 도서도 읽는다. 허동욱 작가의 『자투리 시간 독서법』, 권수택 작가의 『오감 독서』, 이종서 작가의 『책 읽기가 필요하지 않은 지금은 없다』, 이해성 작가의 『1등의 독서법』, 유근용 작가의 『일독일행 독서법』, 김경태 작가의 『일년만 닥치고 독서』, 박상배 작가의 『인생의 차이를 만드는 독서법 본깨적』. 책을 읽을 때 취미처럼 읽지 않는다. 무엇인가 통찰력을 얻을 수 있을지 치열하게 고민한다. 볼펜과 형광펜을 사용하며 읽는다. 필요한 부분은 밑줄을 친다. 그리고 형광펜으로 밑줄을 표시한다. 내 독서에 활용할 부분이 있는 곳은 모서리를 접어 놓는다.

아직도 독서의 양이 중요하다고 생각하는가? 이제 독서의 관점을 바꾸자. 중요한 것은 독서의 양이 아니라 독서의 질이다. 단 1권의 책을 읽어도 실천할 수 있다면, 단 1페이지를 읽어도, 단 1줄을 읽어도 실천할 수 있는 것이 제대로 된 독서다. 우리의 하루하루는 가치 있다. 우리의 하루를 이루는 시간은 소중하다. 제대로 된 독서로 우리의 시간을 절약하자. 시간을 절약해 가치를 드높이자.

02

독서를 왜 하는지, 목적을 정하라

"할 수 있는 능력이 있는데도 당신이 원하는 발전을
이루고 있지 못하다면 그것은 당신의 목적이 분명하지 않기 때문이다."
— 폴 J. 메이어

목적과 목표의 차이

정확히 목적과 목표의 차이를 아는가? 대략 목적과 목표가 어떤 느낌인 것 같고. 우리는 목적을 목표와 헷갈린다. 네이버 어학 사전에 따르면 목표란 '어떤 목적을 이루려고 지향하는 실제적 대상으로 삼음 또는 그 대상이다.' 목적이 목표보다 더 상위 개념이다. 독서 자체가 목표가 될 수 있지만, 독서 자체가 목적이 될 수는 없다. 목적은 독서 너머의 것이다. 즉 독서노구일 뿐 녹서를 도구로 이용해 더 큰 것을 이루어야 한다. 독서로 변화를 한다든가 혹은 자존감을 높인다든가.

목적과 목표의 차이를 비유를 통해 말해주고 싶다. 배가 A지역에서 B지역으로 가는 상황으로 비유할 수 있다. 목적은 B지역으로 가는 것이다. 목표는 B지역으로 가기 위해서 하는 행동으로, '50분 노를 젓고 10분 쉬기' 혹은 '3번 노 젓고 1번 쉬기'와 같다. 목표는 구체적인 실행이라고 할 수 있다. 그런데 목적이 없으면 목표를 잡고 열심히 행동해도 변화가 없다. B지역으로 간다는 목적이 없다면 전혀 엉뚱한 곳으로 갈 수 있다는 말이다.

책 읽기의 목적은 책을 통해 변화하고자 하는 것이 된다. 목표는 그러기 위해 '하루에 1시간씩 읽겠다.' 혹은 '퇴근하고 책을 읽으러 카페에 가겠다.'와 같은 것들이 된다. 그래서 책을 읽는 목적이 중요하다. 만약 독서의 목적 없이 목표만 잡고 읽는다면 어떻게 될까? 배가 B지역으로 가겠다는 목적 없이 노만 젓는 것과 같다. 하염없이 노만 젓고 얻는 것은 없다. 심지어 탈진한다. 그러므로 직장인들은 독서를 하면서 그 목적을 분명히 해야 한다. 여러 가지 목적이 있다. 정보를 얻기, 시험 대비하기, 자존감을 높이기, 책을 쓰기 등. 나는 목적이 있는 독서를 할 때 독서가 힘을 발휘하는 것을 경험했다.

2017년 여름 당시 나는 회사에서 외국어 교육을 담당했다. 우리 팀은 매달 월례회의를 했다. 그 월례회의에서 매달 누군가는 돌아가면서 발표를 했다. 발표 주제는 본인 업무와 관련된 것이었다. 업무와 관련된 것이지만 누구나 공감할 만한 것이어야 했다. 내 차례가 왔다. 나는 발표 주제가 명확했다. '가장 효율적인 영어 학습법'이었다. 하고 싶은 말은 많은

데 뭔가 정리되지 않았다. 영어 두려움부터 버려야 된다, 섀도잉해야 한다, 많이 들어야 한다, 외워야 한다, 따라 해야 한다 등. 발표 자료 초안을 만들었지만 내가 봐도 엉성했다.

그래서 나는 목적 있는 독서를 했다. 독서의 목적이 명확했다. 강연을 해야 하는데 생각을 정리해서 짜임새 있는 발표 자료를 만들어야 한다. 그래서 나는 복주환 작가의 『생각 정리 스피치』라는 책을 구매해서 봤다. 발표를 구성했다.

영어와 수학 공부의 차이 - 성인 학습의 원리 - 듣기 · 말하기 · 읽기 · 쓰기 4단계 전략과 방법.

성공적으로 발표를 마무리했다. 그때의 그 경험으로 아직도 몇몇 팀원은 내가 영어를 엄청나게 잘한다고 생각한다.

이때의 경험으로 나는 목적 있는 독서의 힘을 알게 되었다. 그 이후 나는 삶의 문제에 봉착했을 때 목적 있는 독서를 통해 극복했다. 위에 이야기한 것처럼 독서는 힘을 가지고 있다. 당시 나는 발표를 하기 위해 생각 정리를 하고 싶었고, 『생각 정리 스피치』라는 책이 실질적으로 나의 문제를 해결해주었다. 정리되지 않았던 생각이 독서 이후 정리되었다. 그리고 발표 자료까지 만들 수 있었을 뿐만 아니라 발표까지 성공적으로 하게 되었다.

독서를 통해 이렇게 실질적인 도움을 받을 수 있다. 하지만 이외에도 나의 자존감 회복도 독서를 통해 할 수 있다. 현대를 살아가는 직장인은 많은 스트레스를 받는다고 한다. 2017년 4월 MBN 뉴스에 따르면 4명 중 1명은 정신 질환이 있다고 한다. 하지만 정작 정신과 치료나 상담을 받는 건 20%밖에 안 된다고 한다. 80%는 그냥 꾸역꾸역 참는 것이다. 혹은 다른 것으로 스트레스를 푸는 것이다. 담배를 피운다거나 술을 마신다거나 쇼핑을 한다거나.

그런데 이런 정신 질환이나 마음의 병도 독서를 통해 해결할 수 있다. 나는 회사에서 상담센터도 이용해봤다. 상담센터가 정말 효과가 좋다. 하지만 상담센터를 방문하기 부담스러워하는 사람들이 분명히 있다. 뉴스 기사처럼 25%가 정신 질환이 있다. 그중 20%만 상담을 받는다. 결국, 대한민국 사람 중 20%는 정신과 치료를 받아야 하는데 받지 않고 있는 것이다. 이런 분들도 책으로 정신 건강을 도모할 수 있다. 바로 정혜신 작가의 『당신이 옳다』라는 책을 통해 마음의 병을 고칠 수 있는 것이다.

목적 있는 독서의 힘

2018년이었다. 나는 이유 없이 화를 내거나 이유 없이 한숨을 쉬는 일이 많았다. 그리고 허공에 욕하는 횟수도 점점 늘어났다. 내가 봐도 그때의 나는 정신파탄자였다. 심지어 누구를 패고 싶을 때도 있었다. 뭐가 마음에 그렇게 안 들었을까? 도대체 나를 억누르고 있던 것은 무엇이었을까? 진짜 사무실에만 오면 별의별 욕을 다했다. 대상도 없었다. 그냥 욕부터 시작했다. 그런 나를 보고 옆의 동료는 진정하라고 말했지만 욕을 하지 않으면 답답한 마음에 나는 크게 한숨을 쉬었다. 정말 터지기 일보 직전의 폭탄이었다.

그런 내가 너무 답답해서 나의 이런 마음을 L선배에게 말했다. 그 선배는 책을 추천해줬다. 그 책은 정혜신 작가의 『당신이 옳다』라는 책이었다. 나는 지푸라기라도 잡는 심정으로 그 책을 구매했다. 그리고 단숨에 읽어 내려갔다. 정말 공감이 되고 위로가 되는 구절들이 많았다. 그 작가는 말한다. 내가 무조건 옳다고. 나의 마음은 무조건 옳다고. 마음은 틀릴 수 없다고. 왜냐하면 나의 마음이기 때문이라고 했다. 그런데 생각해보면 너무 당연하다 나의 마음은 틀릴 수 없다. 언제나 옳다. 이 책을 읽고 다시 나는 마음을 관리할 수 있었다. 독서를 통해 심리 안정도 취할 수 있게 된 것이다.

이렇듯 목적 있는 독서는 항상 문제를 해결한다. 그리고 내가 원하는 것을 분명하게 얻을 수 있다. 목적 있는 독서는 그런 힘을 가지고 있다. 반대로 목적 없는 독서는 아무런 성취도 결과도 없다. 그냥 문자를 읽는 것뿐이다. 독서에 목적이 없으니 독서 자체를 목표로 잡고 책을 읽는 것이다. 하루에 1권 읽기, 1년에 100권 읽기. 정말 의미 없는 독서다. 그저 읽는 양에만 집중하면 절대 변화할 수 없다.

2012년 당시 나는 목적 없는 독서를 하고 있었다. 그저 하루에 1-2권을 읽는 것을 목표로 잡았다. 주말에는 3-4권을 읽었다. 독서의 정점에 이르렀을 때였다. 특히 인문 고전을 읽은 것은 아직도 잊을 수 없다. 『논어』의 경우 최소 100번은 읽었다. 밑줄도 치고 형광펜으로 표시도 했다. 필요한 부분은 귀퉁이를 접어놓기도 했다. 막연히 『논어』를 읽다 보면 큰 깨우침을 얻을 것이라고 착각했다. 하지만 변화는 없었다. 왜냐하면 목적 없이 읽었기 때문이다.

독서의 목표를 세울 것인가? 목적을 세울 것인가? 목표만 세우다가 책만 읽고 얻는 것 없이 끝날 수 있다. 그뿐만 아니라 목적 없이 세월만 버릴 수 있다. 목적을 세우고 원하는 것을 얻어야 한다. 변하고자 한다면 그 방향으로 지향점을 바꿔야 한다. 한 척의 배가 목적지를 향해 나아가는 것처럼 우리도 목적을 세워야 한다. 자, 그럼 이제 독서 전에 목적부터 세워보자. 당신이 책을 읽는 목적은 무엇인가? 눈을 감고 생각해보길 바란다.

독서를 위한 정소장의 시간 관리 전략
03 - 시간 관리의 목적을 정하라

망망대해에 떠 있는 배 한 척이 있다. 배는 몇 시간이 지나도 가만히 있는 것이다. 그저 파도에 따라 이리 저리 왔다 갔다만 할 뿐이다. 왜 배는 가만히 있을까? 여러 가지 이유를 추측할 수 있지만 배가 가만히 있는 분명한 이유는 목적지가 없기 때문이다. 목적지가 없으니 움직일 수가 없다. 방향키를 돌릴 수가 없다. 그래서 그저 주위 환경에 따라 이리 저리 왔다 갔다 하는 것이다.

그런데 시간 관리도 마찬가지다. 시간 관리의 궁극적인 목적이 명확하지 않거나 없으면 어떻게 될까? 그저 시간 관리 기술 몇 개 따라 하다가 이전의 삶으로 돌아가게 된다. 그리고 주위에 영향을 많이 받아서 어느 날은 술자리 때문에 시간 관리를 안 하고, 또 어느 날은 또 다른 이유로 시간 관리를 안 하게 된다. 결국 그렇게 시간 관리에 실패하게 되는 것이다.

　그래서 나는 시간 관리 Tip을 말하기 앞서 가장 먼저 목적을 정하라고 말한다. 어떤 목적이든 좋다. 시간 관리를 통해 얻고 싶은 것을 명확히 하자.

　나의 경우 고3 시절 시간 관리로 공부를 많이 해서 내신과 수능 성적을 올리는 것이 목적이었다. 군대 시절에는 시간 관리를 통해 독서를 많이 해서 성공한 삶에 한 발짝 다가가고 싶었다. 취업 준비생 시절에는 시간 관리를 통해 영어 공부를 해서 필요한 자격증을 취득하는 것이 목적이었다. 그리고 요즘은 시간 관리를 통해 책을 쓰는 것이 목적이다.

　무엇이든 좋다. 나만의 목적을 세워라. 목적이 있어야 꾸준히 시간 관리를 할 수 있다. 시간 관리 자체가 목적이 되면 안 된다. 시간 관리를 통해 얻고자 하는 것이 있어야 한다. 원하는 것을 얻고 변화하는 삶을 살자. 자, 이제 책은 잠시 덮고 먼저 시간 관리의 목적을 세워보자.

03

책은 더럽게 읽을 때 내 것이 된다

"우리는 우리가 읽는 것으로부터 만들어진다."
— 마르틴 발저

깨끗하게 읽은 책은 깨끗하게 잊어버린다

고등학교 시절 3년 내내 전교 1등을 하던 친구 D가 있었다. 사실 나는 그 친구와 전혀 친하지 않았다. 반도 달랐다. 3년 내내 단 1번도 같은 반인 적이 없었다. 하지만 나는 그의 이름을 너무나도 많이 들었다. 누구한테 들었을까? 그렇다. 예상한 대로 바로 어머니다. 누구나 그렇듯 나도 공부를 3년 내내 미친 듯이 좋아하지는 않았다. 가끔 나도 쉬고 싶었다. 게임도 하고 싶었다. 그냥 누워 있으면 싶었다. TV 보고 싶었다. 하지만 그때마다 어머니는 내가 놀고 있을 때마다 D는 공부하고 있다고 말씀하셨다.

어머니의 그런 말씀이 짜증이 나기도 했다. 하지만 한편으로 도대체 어떤 녀석인지 궁금했다. 어떻게 매번 전교 1등을 하는 것인지 궁금했다. 2004년에서부터 2006년까지 3년 동안 나는 학교에서 야간 자율학습을 했다. 그 시간에 우연히도 D의 교과서를 봤다. 교과서가 엄청나게 더러웠다. 형광펜도 색별 표시가 달랐다. 빨간 펜으로 표시된 곳도 있었다. 검은 펜으로 표시된 곳도 있었다. 어느 단어에는 동그라미가 표시되어 있었다. 세모도 있고 네모도 있었다. 이런 교과서를 어떻게 보나 싶었다. 심지어 중간 중간 여백에 메모한 흔적도 볼 수 있었다.

고등학교 때를 떠올려보면 공감할 만한 내용이다. 공부를 잘한다 하는 친구들은 대부분 이렇게 교과서를 봤다. 남이 보기에는 낙서 같다. 엉망진창이다. 이걸 어떻게 보나 싶기도 하다. 하지만 그들만의 규칙이 있다. 자기가 보기엔 아주 잘 정리된 교과서다. 남이 볼 때는 더러워 보이지만 자기 자신이 보기엔 그렇게 깨끗하게 정리된 교과서도 없다. 2번, 3번 다음에 볼 때는 핵심만 읽고 넘어간다. 전교 1등이 전교 1등만 하는 이유다. 그렇게 고등학교 때 교과서 암기를 위해 교과서를 더럽게 봤다. 그런데 교과서가 아닌 독서를 할 때는 더럽게 보지 않는다.

생각해보면 교과서 읽기와 독서는 별반 다르지 않다. 더럽게 봐야 나의 것이 된다. 이 사실을 이미 우리는 알고 있었다. 하지만 누구도 독서 방법에 대해서 알려주는 사람이 없었다. 그래서 독서할 때 그렇게 깨끗하게 책을 읽는 것이다. 깨끗하게 읽으면 깨끗하게 잊어버린다. 독서를 한 의미가 없어진다. 책을 읽을 때도 밑줄을 그어야 한다. 형광펜을 칠해야 한다. 중요한 단어들은 동그라미를 쳐야 한다. 그렇게 읽을 때 내 것이 된다. 그런데 나도 처음 독서를 할 때 깨끗하게 봤다.

잠시 눈을 감고 내가 처음으로 읽은 책을 기억해본다. 만화책, 소설을 제외한 책이 무엇이었을까? 기억해내려고 노력한다. 기억이 안 난다. 분명히 처음 읽었던 책이라 기억이 날 것 같다. 다시 눈을 감고 생각해본다. 하지만 여전히 기억이 안 난다. 나의 첫 독서는 어떤 종류의 책이었는지도 기억이 안 난다. 하지만 하나는 정확히 기억난다. 내가 그 책을 더럽게 보지 않았다는 것을. 대부분의 사람은 가장 감명 깊은 책은 기억한다. 하지만 자신의 인생에서 첫 책으로 무엇을 읽었는지는 기억하지 못한다.

기억의 3요소

이렇듯 더럽게 보지 않으면 책은 기억나지 않는다. 당연하다. 그냥 읽고 지나갔기 때문이다. 우리의 뇌는 많은 정보를 받아들이기 때문에 다 기억하지 못한다. 뇌가 스스로 불필요하거나 별로 중요하지 않다고 생각하는 것들을 기억하지 못한다. 〈박코치온라인어학원〉을 운영하는 박정원 원장은, 성인이 된 우리의 뇌는 3가지 방법으로 기억한다고 말한다. 감정 기억, 반복 기억, 충격 기억이다.

감정 기억이란 이렇게 이해하면 된다. 어떤 현상이나 사건이 있을 때, 감정적으로 깊이 공감해야 기억한다는 것이다. 슬픈 이야기, 감동적인 이야기 등 우리는 깊이 공감하는 이야기를 잘 기억한다. 영화도 어떤 영화가 기억나는가? 단순히 재미있는 영화보다는 내가 충분히 공감한 영화를 잘 기억한다. 너무 공감해서 울었거나 했던 영화는 기억에 오래 남는다. 책을 읽을 때도 이렇게 읽어야 한다. 책에 공감해야 한다. 공감을 통해 들었던 생각과 느낌들을 책의 여백에 적어서 더럽게 봐야 한다.

반복 기억은 이렇게 이해하자. 말 그대로 반복을 많이 하게 되면 뇌가 기억한다는 것이다. 반복하면 오래 기억한다는 유명한 그래프가 있다. 바로 에빙하우스의 망각곡선이다. 독일의 심리학자 에빙하우스는 10분 후에 다시 보면 1일 동안 기억하고, 1일 후에 다시 보면 1주일 동안 기억하고, 1주일 후 다시 보면 1달 동안 기억하고, 1달 후에 다시 보면 6개월까지 기억할 수 있다고 말한다. 따라서 책을 읽을 때 반복해서 봐야 한다. 밑줄도 치면서 본다. 그리고 다음은 형광펜으로 칠해서 본다.

마지막으로 충격 기억이 있다. 이것은 뇌가 충격적인 경험을 하면 오랫동안 기억한다는 것이다. 우리는 인생을 살면서 절대 잊을 수 없는 사건들을 기억한다. 충격적인 것에는 긍정적인 사건과 부정적인 사건이 있는데, 2가지 모두 뇌는 충격적인 사건으로 기억한다. 책을 읽을 때도 뇌가 충격받도록 읽자. 중요한 부분은 동그라미를 그리자. 핵심 단어에는 네모 혹은 별표로 표시하자. 눈으로만 읽다가 이렇게 여러 가지 표시를 하면서 읽으면 뇌가 충격받는다. 더럽게 봐야 뇌가 기억한다.

책을 더럽게 보는 것은 이 3가지 기억 방법을 활용하는 것이라고 할 수 있다. 더럽게 볼 때 오래 기억이 난다. 그리고 내 것이 된다. 책을 읽을 때 공감한 내용을 책의 여백에 쓰는 것은 감정 기억을 활용한 것이다. 그리고 책을 읽을 때 펜으로 밑줄을 긋고 형광펜으로 중요한 부분은 한 번 더 표시하는 것은 반복 기억을 활용한 것이다. 마지막으로 중요도에 따라 동그라미, 세모, 네모, 별 등 표시를 하자. 이 방법은 뇌의 충격 기억을 활용하는 것이다.

가장 많이 기억나는 책이 있다. 그것은 바로 『논어』라는 책이다. 나는 이 책을 읽은 이유도 기억난다. 많은 대기업 창업자들이 읽었기 때문이다. 창업자들이 읽은 이유가 있을 것으로 생각했다. 그리고 동양 최고의 고전이었기 때문이다. 위대하거나 훌륭했던 사람들 모두 『논어』를 읽으라고 권했다. 그래서 나는 논어를 매우 더럽게 봤다. 내 인생에서 가장 더럽게 본 책이다.

처음에 형광펜으로 중요한 부분을 색칠했다. 그리고 볼펜으로 더 중요한 부분은 동그라미 표시를 했다. 다음에 읽을 때 중요한 부분은 별표도 표시했다. 그리고 페이지마다 여백에 내 생각을 적었다. 구절마다 느낌과 생각을 적었다. 처음에 읽을 때야 처음부터 끝까지 다 읽었지만 다음부터는 중요한 부분만 읽었다. 그리고 적어놓은 생각들 느낌들을 읽으며 사색을 했다. 이렇게 읽을 때 기억에 남고 내 것이 된다.

고등학생 때를 생각해보면 전교 1등들은 교과서를 참 더럽게도 봤다. 남들이 보면 정말 낙서장인지 교과서인지도 모를 정도였다. 하지만 그렇게 더럽게 봐야 내 것이 된다. 남이 보면 더럽지만, 본인이 볼 때는 가정 정리가 잘된 교과서인 것이다. 책을 읽을 때도 마찬가지다. 더럽게 봐야 한다. 아직도 책을 깨끗하게 보고 싶은가? 책을 깨끗하게 보면 깨끗하게 잊어버린다. 이제는 내 것이 되는 책 읽기를 하자. 책을 더럽게 보자

04

빌리지 말고 직접 사서 읽어라

"책이란 당대의 진정한 대학이다."
– 토머스 칼라일

배움에는 비용이 필요하다.

도서관에 가서 책을 빌려 읽는 것이 좋을까? 나에게 독서법 코칭을 받으러 오는 사람들에게 묻는 말 중 하나다. 누구는 안 좋다고 하고 누구는 좋다고 말한다. 안 좋다고 말하는 사람들은 한결같이 말한다. 책을 더럽게 볼 수 없다고. 그들은 책을 더럽게 봐야 내 것이 된다는 것을 알고 있다. 밑줄도 긋고 동그라미, 세모, 네모 표시도 하고 다시 보고 싶은 부분은 보서리도 접고 그렇게 더럽게 보고 싶은 것이다.

좋다고 대답한 사람들에게 다시 묻는다. 왜 도서관에서 책을 빌려 읽는 것이 좋을까? 여러 가지 이야기를 하지만 정리해보면 크게 2가지로 나뉜다. 일단 책을 빌려서 읽기 때문에 구매하는 비용을 아낄 수 있다는 것이다. 그리고 도서 대여 기간이 있어서 무조건 읽게 된다고 한다. 그래서 책 읽는 습관을 기를 수 있다고 한다.

나는 또 물어본다. 그럼 책을 읽는 목적이 무엇인가요? 취미로 읽거나 올해 책 읽기 100권이 목표라면 도서관에서 빌려서 봐도 괜찮다. 하지만 독서의 목적이 생각과 실천을 함으로써 내 삶을 바꾸는 것이라면 다시 생각해봐야 한다. 과연 도서관에서 책을 빌려서 보는 것이 진짜 도움이 될지를.

나 역시 도서관에서 책을 빌려서 본 적이 있었다. 2010년이었다. 당시 대학생이던 나는 금전적으로 풍요롭지 않았다. 그런데 독서는 하고 싶어 대학교 도서관에서 책을 빌려서 읽었다. 책 살 돈이 없던 나에게는 도서관은 최고의 시설이었다. 도서관으로 가서 책을 검색했다. 베스트셀러면서 내가 읽고 싶은 책들을 검색했지만 그 책들은 이미 누군가 빌려갔다. 내가 읽고 싶었던 책들은 이미 누군가도 읽고 싶어 하던 책이라서 3-4주 뒤 대여할 수 있도록 예약을 해야 했다. 결국, 내가 읽고 싶었던 책이 아닌 다른 책을 빌려서 읽었다.

하지만 돌이켜 생각해보면 당시에 돈이 없다는 것도 핑계였다. 나는 책을 사는 데 돈을 쓰는 것이 아깝다고 생각했다. 과연 내가 그때 돈이 정말 없었을까? 아니다. 돈은 충분히 있었다. 단지 책을 사는 것이 아깝다고 생각했다. 책 살 돈은 없어도 술 마실 돈은 항상 있었다. 그리고 옷을 살 돈도 항상 있었다. 여행 갈 돈도 있었다. 결국, 책을 사는 데 돈을 이야기하는 것은 책의 가치를 그만큼 생각하지 않는다는 것이다.

나는 무엇인가를 배우려면 돈이든 시간이든 투자해야 한다고 생각한다. 무료인 과정에서 과연 무엇을 얼마나 얻을 수 있을까? 내 돈이 단돈만 원이라도 들어가야 뭐라도 배우려고 한다. 기를 쓰고 배우려고 한다. 왜냐하면 돈이 아깝지 않게 하기 위해서다. 구청에서 하는 무료 강좌에 가서 도대체 얼마나 배울 수 있을까? 무엇인가 배우기 위해서는 그만한 대가를 치러야 한다. 바로 비용을 지불해야 한다는 이야기다. 책 살 돈이 정말로 없는가? 진지하게 고민해보자. 책 사는 데 돈이 아까운 것은 아닌지. 책 사는 데 돈이 아까우면 책의 가치를 모르고 있다는 것이다.

도서관에서 책을 빌려서 봐야 한다는 예찬론자들은 말한다. 도서관에서 빌려 읽으면 기한이 정해져 있어서 어떡해서든 읽을 수 있다고. 도서관의 책 대여 기간은 2주 혹은 3주로 기한이 정해져 있다. 초반에 책을 안 읽었어도 이 제한된 대여 기간 덕분에 읽을 수 있는 확률이 높아진다고 한다. 과연 시간에 쫓겨 읽는 책들이 제대로 읽은 것일까? 어떡해서든 읽는 것이 진짜 나에게 도움이 되는 독서일까?

이렇게 읽는 것은 습관을 형성하는 데는 도움이 될 수도 있다. 하지만 시간에 쫓기기 때문에 스트레스를 받는다. 읽어야 한다는 압박감으로 억지로 읽게 된다. 그러면 빨리 읽으려 하고 남는 게 없는 독서가 되는 것이다. 책을 읽는 것이 아니라 그냥 문자를 읽는 것이 된다.

돈 아끼려다 시간을 낭비한다

2012년부터 2014년까지 나는 군대에서 장교로 복무했다. 일산의 전차 대대에서 근무했다. 장교로 복무해도 월급이 넉넉하게 나오지는 않는다. 게다가 나는 일찌감치 저축했다. 저축하고 나면 월급에서 한 달에 20만 원도 채 남지 않았다. 20만 원이 그렇게 아까웠다. 그래서 나는 다시 군대 도서관에서 몇 권의 책을 빌려서 읽었다.

군대의 도서관도 마찬가지로 기간이 정해져 있다. 부대마다 다르겠지만 보통 2-3주 정도의 대여 기간 이후에는 반납을 해야 한다. 나 역시 책은 빌렸지만, 초반에는 안 읽었다. 그리고 반납 시기가 다가왔다. 반납 1주 전부터 읽어야지 생각했다. 하지만 하루 이틀 지나도 나는 읽지 않았다. 결국, 3일 전부터 부랴부랴 아까워서 읽기 시작했다. 그렇게 시간에 쫓기면서 읽었다. 시간이 지나가자 나중에는 목차랑 서문만 보고 반납하는 경우도 생겼다. 그러다가 대여해서 읽는 독서도 포기했다.

돈 아끼려고 도서관에서 빌려보다가 오히려 시간만 낭비했다. 나는 내가 책의 가치를 알고 있다고 생각했다. 하지만 머리로만 알고 있는 것이었다. 내가 진심으로 책의 가치를 알았다면 과연 빌려서 읽었을까? 빌려서 깨끗하게 읽었을까? 책의 가치를 알았다면 내 돈으로 사서 더럽게 읽어봤을 것이다. 내 것으로 만들기 위해 여러 가지 고민을 했을 것이다. 저자에게 질문도 했을 것이다. 이렇게 도서관에서 빌려서 책을 읽는 것은 비효율적이다. 그 뒤로 나는 항상 책을 사서 읽는다.

2014년 취직을 하고 일을 하면서 나는 독서를 하기 시작했다. 우리 부서에도 도서관처럼 책을 대여해주는 시스템이 있다. 나는 이제 책을 대여해서 보지 않는다. 왜냐하면, 앞의 2번의 경험으로 빌려서 책을 보면 깨끗하게 봐야 한다는 것을 알았기 때문이다. 그리고 그렇게 읽으면 책을 내 것으로 만들 수 없다. 그뿐만 아니라 시간에 쫓겨 읽으면 책을 읽는 것이 아니라 문자만 읽는다는 것도 알게 되었다. 그래서 부서 도서관에서도 빌려서 보지 않는다.

다만, 나는 부서의 도서관에 있는 도서들을 이렇게 활용한다. 사실 그 도서들은 그냥 아무렇게나 선택된 것이 아니다. 아무 책이나 책장에 꽂히는 것이 아니다. 누군가 담당자 한 명이 선별한 책들이다. 부서원들에게 도움이 될 만한 책들을 고르고 고른 책이다. 그러므로 일차적으로 필터링 된 책들이라는 것이다. 나는 부서의 도서관으로 간다. 그리고 책장의 책 제목들을 본다. 그리고 마음에 드는 책 제목이 있으면 목차를 본다. 목차를 보고 내가 생각한 책과 맞는지 확인한다. 그리고 나에게 도움이 될 만한 책이면 그 책을 온라인 서점에서 구매한다.

당신의 독서 목적은 무엇인가? 단순 취미인가? 아니면 올해 100권 읽기 같은 목표를 세웠는가? 그런 목적이라면 도서관에서 빌려서 봐도 무방하다. 도서관에서 빌려서 보는 것이 좋다. 비용도 절약할 수 있다. 대여 기간도 있어서 당신이 책을 읽도록 습관을 만들어준다. 하지만 당신의 독서 목적이 책을 더럽게 보고 내 것으로 만드는 것이라면 반드시 책을 구매해서 보자. 독서를 통해 인생의 변화를 추구한다면 책은 구매해서 봐야 한다. 절대 도서관에서 빌려서 보지 말자.

05

헬스장 가듯 독서하라

"사람이 운명을 결정하는 것이 아니다.
사람은 자신의 습관을 결정하고 그 습관이 운명이 된다."
– 마이크 머독

대부분의 사람들은 연말 연초가 되면 다짐을 한다. 올해는 헬스장에서 운동을 하겠다고, 책을 읽겠다고. 헬스장에서 운동을 하는 것과 책을 읽는 것은 상당히 공통점이 많다.

헬스장에서 운동하는 것을 좋아하는 친구 A가 있다. A는 항상 말한다. 본인은 운동만 해왔고 운동하는 것만 좋아해서 머리 쓰는 책 읽기는 못한다고. 혹시 이런 비슷한 생각을 하는 독자분들이 있다면 지금부터 하는 이야기를 집중해서 읽어라. 완전히 생각이 바뀔 것이다.

헬스장에서 운동하는 것과 독서하는 것은 별반 차이가 없다. 헬스장에서 운동하는 것과 독서가 비슷하다는 것을 5가지로 비교해서 알려주겠다.

<u>첫째, 목적이 분명해야 한다.</u> 목적에 따라 방법이 달라진다.

헬스장에서 하는 운동도 목적이 여러 가지가 있다. 단순히 살을 빼기 위해서 운동하는 사람도 있고, 일상생활의 체력을 기르기 위해서 온 사람도 있다. 몸짱이 되기 위해 헬스장에서 운동하는 사람도 있다. 이렇게 목적이 무엇이냐에 따라서 운동 방법이 달라진다. 단순히 살을 빼기 위해서라면 런닝머신만 오랫동안 해도 된다. 일상생활의 체력을 기르기 위해서는 간단한 근력 운동도 같이 해야 한다. 하지만 근육을 키우기 위해서라면 근력운동에 비중을 높여서 운동해야 한다. 그리고 몸짱이 되기 위해서는 식단 조절도 해야 한다.

2007년 여름이었다. 나는 단기간에 살을 빼기 위해서 헬스장에 갔던 적이 있다. 그때는 런닝머신만 하루에 2시간씩 달렸다. 그렇게 달리니 체중을 급격하게 감량할 수 있었다. 2017년 겨울이었다. 나는 단순히 몸무게를 줄이는 것이 아니라 지방을 태우고 싶었다. 그래서 런닝머신만 하는 것이 아니라 근력 운동도 같이 했다. 하루는 상체, 하루는 하체를 번갈아가면서 운동했다.

마찬가지로 독서도 목적을 분명히 해야 한다. 목적에 따라 독서의 종류와 방법도 달라지기 때문이다. 문학적 소양을 기르기 위해서라면 소설, 시를 읽으면 된다. 소설은 내용이 있기 때문에 처음부터 끝까지 읽어야 한다. 하지만 시는 읽고 싶은 부분만 골라서 읽어도 된다. 그리고 인생의 변화를 일으키거나 성공을 하고 싶다면 자기계발서를 읽어야 한다.

자기계발서는 필요한 부분만 읽어도 된다. 중요한 부분은 펜으로 밑줄 치면서 메모해가며 읽어야 한다.

<u>둘째, 꾸준히 할 수 있는 원칙을 정해야 한다.</u>

헬스장에서 운동하려면 꾸준히 다녀야 한다. 매일매일 다니는 것이 제일 바람직하다. 하지만 그렇지 못할 경우에는 주 3회 혹은 주 2회 매번 1시간씩 운동한다는 원칙을 세워야 한다. 이런 식으로 원칙을 정하고 꾸준히 다녀야 한다. 그렇지 않으면 어느 날은 갔다가 안 가고 불규칙적으로 운동하게 된다. 불규칙적으로 운동하게 되면 결국 포기하게 된다.

2017년 가을이었다. 나는 헬스장에 스피닝이라는 운동을 신청했다. 스피닝은 고정식 자전거 위에서 하는 운동이다. 음악에 맞춰 다리는 페달을 계속 돌리고 상체는 춤을 추는 운동이다. 나는 무조건 매일 저녁 8시에 간다는 원칙을 세웠다. 원칙을 세워서 헬스장을 다니니 꾸준히 운동할 수 있었다. 꾸준히 운동하니 살도 빠지고 특히 지방을 태울 수 있었다.

독서도 마찬가지다. 독서도 원칙을 세우고 꾸준히 읽어야 한다. 그냥 시간 날 때 읽자는 생각으로는 독서를 꾸준히 할 수 없다. 퇴근 후에 꼭 1시간 읽는다거나, 점심시간에 30분은 꼭 읽는다거나 하는 식으로 언제 얼마만큼 하겠다는 원칙을 세워야 한다. 그렇지 않으면 다른 일을 하다가 독서를 하겠다는 다짐도 흐지부지해진다.

셋째, 마무리 세션이(Wrap-up) 필요하다.

헬스장에서 운동을 하면 반드시 해야 하는 것이 있다. 마무리 운동이다. 마무리 운동을 하지 않고 씻기만 하고 그대로 집에 가면 뻐근하다. 근육 운동을 했다면 스트레칭을 하든 런닝머신을 하든 마무리 운동을 해야 한다. 그래야 뭉쳤던 근육도 풀 수 있다. 뭉쳤던 근육을 풀어야 다음에 또 근육 운동을 할 수 있다. 그럴 때 내 몸의 근육을 내 것으로 만들 수 있다.

나는 2017년 여름 헬스장에 가면 반드시 마무리 운동을 했다. 보통 스피닝 1시간, 근육 운동 1시간을 한다. 근육 운동이 끝나면 반드시 스트레칭과 런닝머신 둘 다 했다. 스트레칭으로 뭉쳤던 근육들을 반드시 풀어줬다. 그리고 런닝 머신을 약 10분 정도 하면서 가볍게 땀을 흘려줬다. 그러면 개운하게 운동을 마무리할 수 있었다. 다음 날 직장생활에도 졸립다거나 큰 무리가 가지 않았다.

독서도 마찬가지다. 독서만 하고 끝나면 아무 소용이 없다. 후속 작업이 필요하다. 독서 후에 나 혼자 사색을 하거나 서평 쓰기처럼 글을 정리할 수 있다. 이외에도 여러 가지 방법이 있다. 독서 후에 나의 생각을 정리하거나 나에게 적용할 수 있는 방법으로 마무리해야 한다. 그래야 독서를 통해 얻는 것이 있다.

넷째, 잘 모르면 전문가에게 도움을 받아라.

처음 헬스장에 가면 도대체 뭘 어떻게 해야 될지 모른다. 런닝머신은 어떻게 작동하는 것인지 무슨 운동을 얼마만큼 해야 되는지 모르는 것 투성이다. 게다가 혼자 알아서 운동하다가 잘못된 자세로 인해 오히려 허리를 다치는 경우도 많다. 그래서 처음 헬스를 하는 사람이라면 PT를 받는 것도 좋은 방법 중 하나다.

나는 2017년 여름 처음으로 PT를 신청했다. 그동안 런닝머신이랑 팔 굽혀 펴기, 윗몸 일으키기를 하다가 제대로 된 운동을 해보기 위해 PT를 받았다. 전문가에게 받는 운동 방법은 역시 뭐가 달라도 달랐다. 체계적 인 관리 속에서 어떤 운동을 어떻게 해야 하는지 배웠다. 매일 운동량과 식습관을 체크받으면서 운동기구 사용법도 배울 수 있었다.

독서도 마찬가지다. 우리는 독서는 그저 읽기만 하면 되는 줄 알고 있 다. 하지만 독서법도 다양하다. 목적에 따라 독서하는 방법이 달라진다. 내 몸을 가꾸기 위해 PT를 받는데, 나의 뇌에는 왜 투자를 안 하는가? 우 리의 미래와 뇌에 영향을 끼치는 독서도 방법이 있다. 전문가에게 배워 야 한다. 독서를 어떻게 시작해야 할지 잘 모르겠다면 010-2682-7203 으로 연락하라. 10년간의 독서 경험을 통해 당신의 인생을 바꾸는 생산 적인 독서법을 알려주겠다.

다섯째, 나에게 맞는 방법을 찾아라.

헬스장에서 운동하는 방법은 여러 가지가 있다. 인터넷만 찾아봐도 정 말 무수히 많은 운동법이 있다. 그리고 PT를 받아도 PT 선생님들은 저마 다의 다른 방법을 알려준다. 여러 가지 방법 중에 나에게 맞는 것을 찾아야 한다. 나의 몸과 마음 상태는 내가 제일 잘 안다. 그렇기 때문에 가장 훌륭한 운동 방법은 나에게 가장 잘 맞는 방법이다.

나는 2017년 겨울에 등 운동 방법을 배웠다. 등 운동이 어떻게 하는 것인지도 몰랐다. 그리고 보통 성인 남성의 경우 처음에 15-20kg 무게로 등 운동을 한다고 했다. 다른 근육에 비해 등 근육이 약했던 나는 10kg부터 시작했다. 15kg으로 운동할 때는 너무 힘들었는데 나에게 맞는 무게로 시작하니 재밌게 꾸준히 운동을 할 수 있었다.

독서도 마찬가지다. 누구는 아침에 읽어라, 누구는 퇴근 후에 읽어라, 누구는 하루 30분 읽어라, 1시간 읽어라 등등 여러 가지 방법을 제시한다. 하지만 결국 제일 중요한 것은 나에게 맞는 독서법을 찾는 것이다. 지금 현재의 나에게는 하루 1페이지를 읽는 것이 더 적합할 수 있다. 남의 방법 그대로 하면 금세 질려 포기하게 된다.

독서 습관을 기르는 방법은 헬스장 다니는 것과 비슷하다. 먼저 독서의 목적을 세워야 한다. 그리고 하루 1시간 읽기와 같이 꾸준히 할 수 있는 원칙을 세워야 한다. 독서를 하고 나서는 서평을 쓰든 사색을 하든 정리하는 시간이 필요하다. 독서법도 전문가에게 배워야 빠르게 제대로 배울 수 있다. 배우고 나서 나만의 방법으로 독서하면 된다. 독서 습관을 기르고 싶은가? 그렇다면 헬스장 다니듯이 독서해보자. 헬스장에서 운동하는 것과 별반 다르지 않다.

독서를 위한 정소장의 시간 관리 전략
04 - 하루에 사용 가능한 시간을 계산하라

시간 관리에서 가장 중요한 것은 내가 얼마만큼의 시간을 사용할 수 있느냐를 아는 것이다. 내가 실제로 사용할 수 있는 시간을 고려하지 않고 시간 관리를 하게 되면 어떻게 될까? 그날 하려던 것들을 항상 제대로 못 할 것이다. 내일로 미루고 모레로 미루게 될 것이다. 시간 관리를 위해서 내가 사용할 수 있는 시간을 계산하는 것이 가장 기본이다. 그후 계획을 세워서 시간 관리를 해야 한다.

주말에는 사용할 수 있는 시간이 많다.

평일에는 자투리 시간을 어떻게 계산하고 배분해서 사용하는지 매우 중요하다.

나의 경우는 다음과 같이 하루 시간을 사용했다.

〈시간 계산 예시, 직장인의 경우 총 7시간 30분〉

- 5시30분-8시 : 2시간 30분, 기상 후부터 회사 도착 전까지의 시간

- 12-13시 : 1시간, 점심시간

- 20-24시 : 4시간, 퇴근 후 시간 (때때로 줄어들거나 늘어남)

이렇게 사용 가능한 시간을 계산하고 계획을 수립해야 한다.

06

각 분야에서 성공한 사람을 만나라

"책은 한 권, 한 권이 하나의 세계다."
― W. 워즈워스

책을 통해 저자와 만나라

"남의 책을 읽는 데 시간을 보내라. 남이 고생한 것에 의해 쉽게 자신을 개선할 수 있다." 소크라테스가 말했다. 남의 책을 읽는다는 것이 그만큼 나에게 도움이 된다는 의미다. 하물며 나의 분야에서 성공한 사람의 책을 읽는다면 어떻게 될까? 나 역시 그처럼 성공할 수 있다는 의식을 갖게 된다. 그 책에는 성공한 사람의 비법, 원리, 경험들이 담겨 있다. 특히 성공한 사람이 겪은 시행착오들이 고스란히 책에 담겨 있기에, 그 책을 읽고 나는 같은 시행착오를 겪지 않고 빠르게 성공할 수 있다.

성공한 사람을 멘토라고 생각해도 무방하다. 멘토는 어떤 의미일까? 멘토라는 단어가 어디서 기원했는지 보면 알 수 있다. '멘토'라는 말은 그리스 신화에 나온다. 오디세우스 왕이 트로이 전쟁에 나가면서 친구에게 자기 아들 텔레마코스를 맡겼다. 그 친구의 이름이 멘토다. 오디세우스가 전쟁에서 돌아올 때까지 텔레마코스가 성장하는 데 많은 도움을 주었다. 텔레마코스의 친구이자 선생님, 상담자 아버지의 역할을 했다. 10년 후 전쟁에서 돌아온 오디세우스는 훌륭하게 성장한 아들을 보고 친구에게 말했다. 역시 멘토답다고. 이후 멘토라는 이름은 한 사람의 미래를 지혜와 신뢰로 이끌어주는 지도자라는 의미로 사용된다.

우리는 멘토가 인생에서 중요함을 알고 있다. 주위에서 멘토를 찾을 수 있다면 행운이다. 하지만 멘토를 찾을 수 없다면, 책에서 찾으면 된다. 나의 분야에서 성공한 사람의 책을 읽는다. 그의 생각과 신념을 새긴다. 그를 나의 정신적 멘토로 삼을 수 있다. 책을 자양분 삼아 나는 매일 성장할 수 있다. 그의 모든 생각과 신념이 책에 담겨 있다. 즉 독서를 통해 멘토링을 받을 수 있다는 말이다.

대학생 때 나는 기업가로 성공하고 싶었다. 그래서 우리나라의 대표적인 성공한 사람의 책을 읽었다. 바로 고(故) 정주영 회장이다. 나는 꼭 성공해야겠다고 다짐하는 분야에는 몰입한다. 미친놈 소리를 들을 정도로 열심히 파고든다. 이런 나의 행동, 실천력은 고(故) 정주영 회장에게서 배운 것이다. 심지어 그는 내가 대화 한 번 한 적 없고 만나지도 못한 사람이다. 하지만 나는 책을 통해 그를 만났다. 그의 저서 『시련은 있어도 실패란 없다』라는 책을 읽었다. 보자마자 나는 감동의 도가니 속에 빠져

버렸다. 그의 성공신화와 명언은 너무나도 감동적이다.

그중에서 나는 "이봐, 해봤어?"라는 명언을 가장 좋아한다. 나는 무언가 시도를 할 때 겁이 나는 경우가 있다. 그럴 때면 항상 이 명언을 가슴에 새긴다. 그리고 말한다. '해봤어?' 일단 해봐야 한다. 해보지도 않고 지레짐작하고 포기하는 사람이 많다. 하지만 해봐야 이 길이 나의 길이 맞는지 아닌지도 알 수 있다. 대학생 시절 대학원생의 길이 맞는지 확인하고 싶었다. 그래서 학교 연구실 세 군데에서 인턴을 해봤다. 하고 보니 이 길은 나의 길이 아닌 것을 알게 되었다. 이외에도 나의 멘토가 있었기에 나는 많은 것들을 시도하고 이루어왔다.

나는 고등학교 1학년 시절 반에서 10등 정도의 수준이었다. 하지만 서울대학교에 입학했다. 나는 체력이 약한 대학생이었다. 하지만 ROTC로 장교 복무를 했다. 나는 지구과학을 전공한 학생이었다. 하지만 지금 삼성전자에서 일하고 있다. 나는 글을 잘 못 쓰는 일반 직장인이다. 하지만 지금 책을 쓰고 있다. 이 모든 것이 나의 멘토인 고(故) 정주영 회장의 '이봐, 해봤어?' 정신을 통해 가능해진 것이다.

나의 멘토는 내가 선택한다

나의 분야에서 성공한 사람의 책을 읽는다는 것은 어떤 의미일까? 바로 스스로 멘토링을 받는 것이라고 할 수 있다. 우리 사회를 가만히 둘러보면 알 수 있다. 멘토링이 얼마나 많이 진행되는지. 군대에서도 멘토링이 있고, 회사에서도 멘토링이 있다. 어디를 가도 멘토링이 진행되고 있다. 하지만 멘티인 내가 멘토를 고르기 쉽지 않다. 멘토가 될 사람은 한 정적이기 때문이다. 그래서 우리는 스스로 멘토를 찾아나서야 한다. 그 방법이 바로 책을 읽는 것이다. 나의 분야에서 성공한 사람이 쓴 책을 읽어야 한다.

나의 분야에서 성공한 사람의 책을 읽으면 어떤 것들을 얻을 수 있을까? 아무래도 그처럼 성공하는 방법을 배울 수 있다. 그가 겪었던 시련과 고통, 시행착오를 알게 된다. 시행착오를 하지 않고 더 빠르게 성공하는 법을 알게 된다. 그뿐만 아니라 그 분야에서 성공하는 데 필요한 능력이 무엇인지 알게 된다. 어떤 능력들이 필요한지 알려면 그 능력이 뛰어난 사람의 책을 읽으면 된다. 그래서 만나지 못하더라도 책을 통해 멘토로 삼으면 된다.

나 역시 (故) 정주영 회장 외에도 다른 멘토가 있다. 그 멘토도 책을 통해 만났다. 나는 노력이 중요하다고 생각한다. 그래서 노력을 미친 듯이 했던 사람을 찾았다. 나의 멘토 중 한 명은 바로 안철수다. 정치적으로 지지한다는 의미는 아니다. 지금은 정치적으로 많은 어려움을 겪고 있는 분이지만 나는 그가 했던 노력을 본받고 싶었다. 그래서 나의 멘토로 삼았다. 특히 그가 대학원 시절에 들인 노력을 본받고 싶었다. 나는 그의 책을 읽었다. 『CEO 안철수, 지금 우리에게 필요한 것은?』이라는 책을 읽었다.

안철수는 남들이 평생 해도 이루지 못할 것들을 다양한 분야에서 이루어냈다. 단국대 의예과 학과장, 안철수 연구소 대표이사, KAIST 기술경영전문대학원 석좌교수, 서울대학교 융합과학기술대학원 원장을 지냈다. 이렇게 많은 일을 할 수 있던 것은 기본적으로 그가 노력파이기 때문이다. 의대생이었던 그는 컴퓨터에 관심이 생겼다. 의대 공부를 하면서 하루에 2-3시간 자며 컴퓨터 공부를 했다. 결국, 컴퓨터 분야 회사의 대표가 되었다. 하루에 2-3시간 자면 얼마나 피곤할까? 내가 요즘 책을 쓰느라 하루에 2-3시간 잔다. 피곤할 때마다 안철수를 떠올린다. 그리고 '나도 할 수 있다.'라고 생각하고 책을 쓴다. 나도 할 수 있다.

나는 요즘 책을 쓰고 있다. 그럼 나는 어떤 책을 읽어야 할까? 바로 책 쓰기 분야에서 성공한 사람의 책을 읽어야 한다. 책 쓰기 분야에서 성공한 사람은 다름 아닌 김태광이라는 작가다. 그는 23년 동안 약 200여 권의 저서를 출간했다. 그뿐만 아니라 8년간 약 900여 명의 작가를 배출했다. 책 쓰기 분야에서는 가히 도사라고 해도 무방하다. 이외에도 책 쓰기 관련해서 수상한 이력이 너무 많다. 다 쓰기에는 지면이 모자랄 정도다. 네이버에 검색만 해도 나온다. 그는 2018년 한국소비자평가 책 쓰기 코칭 부문 1위를 수상했다. 당연히 책을 잘 쓰려면 그의 책을 읽어야 한다.

그래서 나는 그의 책을 읽었다. 『가장 빨리 작가 되는 법』, 『김대리는 어떻게 1개월 만에 작가가 됐을까』 등. 책을 통해 어떻게 책을 써야 하는지뿐만 아니라 그가 겪은 수많은 시행착오를 똑같이 겪지 않고 빠르게 책을 쓸 수 있었다. 책 쓰기에 앞서 기획하는 방법을 알 수 있었다. 또 책을 쓰면서 원고 매수 계산을 할 수 있게 되었다. 성공한 사람의 삶을 마주할 수 있었다. 그리고 구체적으로 어떻게 책을 써야 하는지 알 수 있었다. 그리고 나는 더 빨리 작가가 되기 위해 직접 그에게 코칭도 받고 있다.

어떤 책을 읽을지 고민인가? 당신은 어느 분야에 종사하고 있는가? 그 분야에서 성공한 사람의 책을 읽으면 된다. 그 책을 읽으면 자연스레 동기부여가 된다. 그 책을 통해 성공하는 방법을 알게 된다. 그뿐만 아니라 그가 겪었던 시행착오를 겪지 않게 된다. 그러면서 우리는 더 빠르게 성공할 수 있다. 그래서 나의 분야에서 성공한 사람의 책을 읽어야 한다. 지금 바로 서점으로 가볼까? 나의 분야에서 성공한 책들이 나를 기다리고 있다.

07

질문하며 독서하라

"배우기만 하고 생각하지 않으면 얻는 것이 없고,
생각만 하고 배우지 않으면 위태롭다."
- 공자

책 읽는 방법도 배워야 한다

"배우기만 하고 생각하지 않으면 얻는 것이 없고, 생각만 하고 배우지 않으면 위태롭다." 공자가 한 말이다. 책 읽기는 여러 배우기 중 하나라고 할 수 있다. 배운다는 것을 책을 읽는 것이라고 바꿔 생각해볼까? 그리고 생각하기는 질문하기로 바꿔볼까? 그럼 위 명언은 이렇게 바뀐다. "책을 읽기만 하고 질문하지 않으면 얻는 것이 없고, 질문만 하고 책을 읽지 않으면 위태롭다." 우리는 여기서 문장 앞부분에 주목해야 한다. 우리가 책만 읽어서는 얻는 것이 없다고. 즉 책을 읽어도 아무것도 변하는 것이 없다는 말이다. 그러므로 반드시 우리는 책을 읽으면서 질문을 해야 한다.

사실 우리는 어려서부터 책을 읽는 방법을 배운 적이 없다. 그저 교과서를 읽는 것뿐이었다. 그리고 교과서식 책 읽기는 단순 지식 암기다. 교과서를 읽고 외우고 시험을 본다. 이런 독서로 우리는 삶의 변화를 맞이할 수 없다. 이건 책 읽기가 아니다. 단지 시험 문제를 맞히기 위한 행위일 뿐이다.

시험 문제를 맞히기 위한 책 읽기는 질문을 요구하지 않는다. 단순 암기만 요구한다. 책을 읽고 질문을 하지 않는다. 공자의 말을 바꿔 생각했던 것처럼 질문하지 않으면 얻는 것이 없다. 독서를 하고 질문을 하지 않으면 정말 남는 것이 없다. 수십 권의 책을 읽었어도 질문을 하지 않으면 남는 것이 없다.

그뿐만 아니라 특히 나는 책을 있는 그대로 읽었다. 사실 책을 읽었다기보다 문자를 읽었다고 보는 것이 더 맞는 표현이다. 질문하면서 읽지도 않았다. 질문해야 저자와 대화하면서 읽는 것이다. 그런데 나는 질문하면서 읽지 않았다. 그저 대학교 수험서를 읽는 것처럼 책을 읽었다. 대학교 수험서는 암기라도 했지만 나는 그냥 책들을 문자 그대로 읽기만 했다. 질문과 생각이 없는 독서법은 나를 제자리걸음이었다.

나는 조선 역사를 좋아해서 조선 역사 관련된 책들에 흠뻑 빠진 적이 있었다. 그때는 '조선'과 '역사'라는 단어만 들어가도 책을 샀다. 그리고 미친 듯이 읽었다. 정말 100권 정도는 읽은 것 같다. 지금도 방에 가보니 조선 역사 관련된 책들이 많다. 『하룻밤에 읽는 조선 야사』, 『한국사 속의 한국사』, 『조선왕조실록』, 『설민석의 조선왕조실록』 등. 조선 역사 관련해서는 안 읽은 책이 없을 정도다.

그런데 신기하게도 지금 내 머릿속에 남은 것이 없다. 그렇게나 많은 책을 읽었는데 남는 것이 없다니. 나는 100권 정도 되는 조선 역사 관련된 책을 읽고도 여전히 제자리에 서 있던 것이었다. 많이 억울하다. 나는 책들을 한 번씩 펴봤다. '당시 나는 무슨 생각을 하면서 읽었을까?' 독서를 단순 취미로 여기고 잡지를 보듯이 읽은 것 같다.

그러나 잡지 보듯이 읽으면 안 됐었다. 나는 역사적 사실을 그저 받아들이면서 읽었다. '아, 이런 사실이 있었구나.', '아, 이런 사건이 있었구나.' 이렇게 읽었던 것이었다. 현상 그 자체만 받아들이면서 읽었다. 내가 어떻게 책들을 읽어야 했을까? 현상, 사건, 사고 너머 왜 그런 일들이 일어났는지 질문을 던져야 했다. 질문과 생각을 하면서 읽어야 했다. 어느 한 사건이 있었다면, 나는 계속 '왜?'라는 질문을 해야 했다. 그랬다면 꼬리에 꼬리를 무는 질문으로 독서를 했을 것이다. 더 알기 위해, 이유를 찾기 위해 독서를 했을 것이다.

하지만 돌이켜 생각해보면 아무것도 남지 않은 것은 아니다. 내가 명확히 기억하는 내용이 있다. 세종대왕과 관련된 내용은 상당 부분 기억이 난다. 그에 대해 인물평도 작성할 수 있을 만큼 기억이 난다. 그리고 나는 위대해지기 위해서는 사랑해야 한다는 것을 배웠다. 조선 역사 중에서 최고의 위인과 관련된 내용을 읽을 때는 질문과 생각을 하면서 읽었다.

본격적인 질문 독서를 시작하다

세종대왕 관련된 책을 읽을 때였다. 문득 이런 생각이 났다. 왜 세종대왕만 대왕이라는 칭호가 붙었을까? 그 많은 조선왕 중에서 대왕이라고 부를까? 제일 대단한 왕일까? 그렇다면 무엇을 했길래 대단하다고 하는 것일까? 이렇게 질문을 하면서 읽어보니 내용이 새롭게 다가왔다. 그뿐만 아니라 또 다른 책을 읽게 했다. 그리고 조선 역사 이전까지 생각하게 되었다. 그럼 대왕이라는 칭호는 그전에는 없었을까? 있었다. 광개토대왕이 있었다. 모두 잘 알듯이 광개토대왕의 경우 영토 확장 측면에서 최고의 왕이었다. 그래서 대왕이란 칭호를 받았다.

그래서 다시 세종대왕 관련 질문을 했다. 세종대왕은 어떤 업적을 세웠을까? 세종대왕은 군사, 음악, 농사, 법전, 국가 운영 등 사회 전 분야에서 여러 가지 업적을 남겼다. 그럼 업적이 많아서 후대에 대왕이라는 칭호를 받았을까? 대왕이라고 하면 다른 왕들과 견주어봐도 비교할 수 없을 정도로 훌륭한 업적을 남겨야 한다고 생각한다. 내가 내린 결론은 대왕이란 호칭을 얻은 데는 여러 업적뿐만 아니라 훈민정음 창제가 큰 역할을 했을 것이라는 점이다. 그리고 또 질문이 생각났다. 왜 훈민정음을 만들었을까? 바로 백성을 사랑하는 마음이 훈민정음을 만들게 했다. 나는 여기서 멈추지 않았다. 그럼 왜 훈민정음을 창제한 것이 그렇게 대단한 것일까? 나는 시대 상황을 눈여겨보기 시작했다. 조선 시대는 계급이 분명한 사회였다. 양반과 노비가 분명히 존재하는 사회였다. 지배계층의 최고봉인 왕은 조선 백성을 사랑할 필요는 없었다. 하지만 세종대왕은 진정으로 백성을 사랑했다. 백성이 글을 못 읽어서 억울하게 벌금을 내는 사실을 알게 되었고, 그런 억울한 일을 당하지 않도록 우리나라 말을 만들기로 한 것이다. 바로 이 마음이 세종대왕을 대왕으로 만들었다고 생각한다.

세종대왕뿐만 아니라 이순신 관련된 이야기도 나는 질문을 하며 읽었었다. 모두 이순신이 대단하다는 것을 안다. 왜냐하면 그는 23전 23승을 이룬 조선 역사뿐만 아니라 전 세계 해군 역사에서도 최고의 장군이기 때문이다. 결과로만 보면 그냥 대단하다고 생각하고 지나갈 수도 있다. 하지만 나는 다시 시대적 상황을 들여다봤다. 이순신은 정말 어려운 환경 속에서 있었다.

당시 임진왜란 상황이었다. 나라의 충분한 도움을 받고 전쟁에 임할 수 없었다. 전쟁에 필요한 무기며 식량이며 모두 해군과 자급자족했다. 나라의 지원을 충분히 받아도 전쟁에 임하면 이길 수 있을지 장담할 수 없는 상황에서 이순신은 나라의 도움 없이도 전 세계 해전 역사상 최고의 장군이 되었다.

왜 책을 읽어도 제자리걸음인지 궁금한가? 왜 좋다는 독서를 하는데 아무런 변화가 없는지 궁금한가? 그 이유는 바로 책만 읽기 때문이다. 우리는 책을 읽을 때 반드시 질문을 해야 한다. 이제는 교과서식 책 읽기와 작별해야 할 때다. 아무런 질문이나 생각 없이 책을 읽으면 제자리걸음만 할 뿐이다.

질문하면서 읽어야 단순히 현상 너머의 이유를 깨닫게 된다. 그 속에서 무궁무진한 것들을 배우게 된다. 다시 공자의 명언을 보자. "배우기만 하고 생각하지 않으면 얻는 것이 없다." 즉 "책 읽기만 하고 질문하지 않으면 얻는 것이 없다." 책을 읽으면서 질문을 하자.

08

어떻게 현실에 써먹을 것인지 고민하라

> "그 책에 들어가지 못하면 옛사람의 마음 씀씀이를 알 수 없고,
> 그 책에서 빠져나오지 못하면 그 글 밑에 깔려 죽는다."
> – 진선

책을 읽은 후가 더 중요하다

2012년 3월의 일이다. 당시 나는 장교 기초 훈련을 받고 있었다. 당시 나는 미친 듯이 책을 읽었다. 장교 기초 훈련소는 광주에 있었다. 월요일부터 금요일까지 훈련을 받았다. 금요일 저녁이면 서울로 올라왔다. 그리고 일요일 점심에 광주 훈련 장소로 내려갔다. 나는 버스 안에서도 책을 읽었다. 당시 나는 책을 열심히 읽기로 유명했다. 나의 모습을 보고 친구 L도 따라서 책을 읽었다. 어느 날 그 친구가 나에게 와서 말했다. 칼 세이건의 『코스모스』를 다 읽었다고.

깜짝 놀랐다. L은 처음으로 책을 읽었다고 했다. 처음 책을 읽는데 상당히 어려운 책을 읽었던 것이었다. 나는 물어봤다. 무슨 내용인지 알고

읽는 것이냐고. L은 말했다. 모른다고. 나는 물어봤다. 왜 읽었냐고. L은 말했다. 멋있어 보이려고 읽었다고. 나는 어처구니가 없다고 생각했다. 그리고 이 책을 읽고 나서 어떤 점을 느꼈냐고 물었다. L은 그런 것 생각하고 읽은 거 아니라고 했다. 그냥 멋있어 보이려고 읽었다고 했다. 평소 웃기는 친구이긴 했지만 이건 해도 너무 했다.

위 이야기는 극단적이긴 하지만 사실이다. 일부 사람 중에는 멋있어 보이려고 책을 읽는 사람들도 있다. 이 글을 쓰면서도 예전 생각이 나서 웃고 있다. 무슨 멋있어 보일 것이 없어서 그 책을 읽었을까. 그런데 이 이야기는 다음에 말하는 것과 별반 다르지 않다. 책을 읽고 얻은 것을 어떻게 적용할지 생각하지 않는 것과 그냥 책만 읽고 끝나면 아무런 의미가 없다. 책을 통해 얻은 것을 바탕으로 내 삶을 변화시켜야 한다.

책을 읽고 사색을 통해 사고를 확장할 수도 있다. 혹은 책을 읽고 얻은 것을 행동으로 실천할 수도 있다. 그렇게 사색을 하든, 실천을 하든 다음 단계까지 나아가는 것이 중요하다. 만약 앞에서 내 친구 L과 같이 책만 읽고 끝나버린다면 어떻게 될까? 그냥 문자만 읽고 말게 된 것이다. 시간 낭비만 한 것이다.

2016년 여름이었다. 당시 나는 시간 관리를 어떻게 하면 회사에서 야근을 안 할 수 있을까를 고민하고 있었다. 그래서 유성은 작가의 『성공하는 사람들의 시간 관리 습관』을 읽었다. 나는 어떻게 하면 시간 관리를 잘할 수 있을지 고민했다. 그리고 나의 업무 영역에 어떻게 적용하면 시간을 줄일 수 있을지 고민했다. 당시 나는 회사에서 여러 업무를 하고 있었다. 외국어 담당을 하면서도 교육장 시설 관리 등을 하고 있었다. 여러 가지 업무를 하다 보니 메일을 구분하기 어려웠다.

평균적으로 수신 메일 수가 하루에 많을 때는 200개일 때도 있었다. 가만히 생각해보니 내가 외국어 업무 관련 메일 검색에만 1분씩 소모하고 있는 것이었다. 메일 분류만 잘해도 하루에 몇십 분을 아낄 수 있다고 생각했다. 그래서 메일 분류 기능을 사용하기로 했다. 메일 앞에 색으로 표시할 수 있었다. 외국어 관련 업무는 빨간색, 경비 처리 업무는 노란색, 교육장 시설 관리 업무는 파란색 등 업무별로 메일 앞에 색을 달리 표시해 두었다. 메일 검색에 시간을 단축해서 매일 몇십 분씩 시간을 절약할 수 있었다.

이런 독서가 진짜 독서다. 먼저 독서의 목적이 정확했다. 시간 관리를 잘해서 정시 퇴근을 하고 싶었다. 그리고 나 자신에게 어떻게 하면 시간 관리를 살할 수 있을지에 대해 계속 질문을 했다. 독서 후에 사색을 한 것이다. 고민 결과 결국 시간 관리는 스킬이라는 결론에 도달했다. 내가 업무를 효율적으로 하는 것이 더 중요했다. 그렇지 않으면 시간 관리는 의미가 없는 것이다. 그리고 다시 효율적으로 일하기 위해 메일 분류라는 실천을 했다.

이것이 바로 단 1권을 읽어도 제대로 남는 독서인 것이다. 우리가 독서를 하는 이유는 우리 삶의 문제를 해결하기 위해서이다. 앞에서 이야기한 것처럼 1권을 읽고 난 뒤에는 사색하거나 실천을 해야 한다. 그리고 계속 나 자신에게 질문해야 한다. 이 책에서 내가 얻을 것은 무엇이지? 이 책의 내용을 내 삶에 어떻게 적용하지? 책을 읽은 것 자체는 중요하지 않다. 책을 읽고 난 다음이 중요한 것이다.

독서 내용을 현실 문제에 적용해보자

그렇게 업무를 조금 더 효율화하자 의문이 들었다. 전자 우편 말고 다른 부분에서 업무를 효율적으로 할 수 있는 부분이 없을까? 시간 관리를 잘해서 더 일찍 퇴근할 방법은 없을까? 그렇게 생각해보니 한 가지가 더 떠올랐다. 바로 임직원이 외국어 관련 질문을 하는 것과 관련된 부분이었다. 우리 회사의 경우 임직원이 많다 보니 아무리 안내를 해도 100% 모두 인지할 수는 없었다. 그래서 임직원들은 수시로 나에게 메일, 전화, 사내 메신저로 문의를 했다. 거의 콜센터처럼 전화와 사내 메신저로 연락을 많이 받았다. 이 문제 역시 해결할 수 있는 방법을 고민했다.

연락이 온다고 일일이 대응해줄 수도 없는 노릇이었다. 은근히 몇 분씩 잡아먹는 것이 쌓이면 몇십 분이 된다. 그리고 그 시간이 모여 1시간이 되고 1시간이 넘기도 한다. 그래서 메일 자동응답 설정을 했다. 24시간 반복 주기로 했다. 나에게 메일을 보내면 자동으로 메일이 발송되게 해놓은 것이다. 제목은 이렇게 작성했다. '외국어 관련 자주 질문하는

Q&A입니다. 메일 먼저 읽고 문의해주세요.' 그리고 내용에는 임직원들이 문의했던 것들을 적었다. 그렇게 하루 평균 10개 이상 문의해오던 것들을 메일로 자동 답변을 해놓으니 문제가 어느 정도 해결됐다.

이번에도 단순히 독서로 끝난 것이 아니었다. 독서 이후에 사색과 질문 그리고 실천을 통해 문제를 해결했다. 마찬가지로 진짜 독서를 했다고 할 수 있다. 내가 하고 있는 업무에서 질문과 사색을 했다. 시간을 더 줄일 영역은 없는지, 가장 많은 시간이 소요되고 있는 것들은 무엇이 있는지, 그것을 할 때 시간을 줄일 수 있는 방법은 없을지 생각하면서 답을 찾아 실천을 했다. 외국어 관련 문의는 자동응답으로 답변하는 것으로, 임직원이 전화나 메신저로 문의할 때는 정중하게 외국어 관련 문의인지 확인했다. 그리고 외국어 관련 질문은 메일로 문의해달라고 했다.

2018년 여름이었다. 당시 칼 뉴포트의 『딥 워크』라는 책을 읽었다. 이 책은 업무에 몰입해서 효과적으로 일을 하는 방법에 관한 책이었다. 앞의 사례에서 내가 유성은 작가의 『성공하는 사람들의 시간관리 습관』을 읽고 고민했던 것과 비슷하다. 책을 읽고 고민을 했어야 했다. 하지만 당시 나는 만사가 귀찮았다. 회사 생활 슬럼프에 빠져 있었기 때문이다. 책을 읽고 내 삶에 적용할 생각을 하지 못했다. 『딥 워크』를 읽고 그냥 '아, 그렇구나.' 하고 말았다. 전혀 도움이 안 되는 독서였다. 이런 독서를 하는 것보다 차라리 심신을 편히 쉬는 편이 낫다.

책을 읽는 것 자체는 중요하지 않다. 책 내용을 요약하고 설명하는 것도 중요하지 않다. 중요한 것은 '과연 독서 이후에 무엇을 했느냐'이다. 사색과 질문을 하고 실천을 해야 한다. 그렇지 않으면 독서는 의미가 없다. 단순히 책만 읽게 되는 것이다.

이제 독서한 후 나를 계발시킬 것은 무엇이 있는지, 내 삶에 적용할 것은 무엇이 있는지 고민하고 생각해보자.

독서를 위한 정소장의 시간 관리 전략
05 - 나는 군 생활 퇴근 후 1시간으로
영어 발음을 완벽하게 수정했다!

나는 항상 퇴근할 때면 영어 발음을 훈련했다. 대부분의 한국 인이라면 발음이 좋지 않다. 하지만 나는 발음이 매우 좋다. 그 이유는 바로 하루 1시간씩 발음을 연습했기 때문이다. 요즘도 회 사에서는 나의 발음만 들으면 해외파냐고 물어본다. 전혀 아니 다. 나는 순수 국내파다. 이런 오해 아닌 오해를 사는 것은 군 생 활 시절 꾸준히 한 발음 연습 덕분이다. 정말 음소 단위로 끊어 서 연습을 했다. 예를 들면 Star라는 발음을 할 때, 한글로 '스타' 라고 발음할 텐데, 나는 '스, 트, 아, 알 / 스, 트, 아, 알' 이렇게 나눠서 발음 연습을 꾸준히 했다. 발음 연습은 길을 걸으면서도 할 수 있기 때문에 자투리 시간을 활용하기 좋았다. 군 생활 퇴 근하면서 숙소에 가는 길에 항상 발음 연습을 했다. 군대에서 크 게 연습해도 누가 뭐라고 하는 사람이 없어서 더 수월하게 연습 할 수 있었다.

09

나만의 독서법을 찾아라

"인생에는 어떤 식으로 살라고 누가 정해 놓은 규칙이 있는 게 아니다.
중요한 것은 나에게 맞는 삶의 방식을 찾아내는 일이다."
— 미하이 칙센트미하이

그대로 따라 하는 남의 방법은 불편하다

어느 날 이런 말을 들었다. "이야, 옷 잘 어울리는데?" 그날은 유독 여러 사람이 말했다. 정말 잘 어울린다고. 나도 마음에 든 패션인데 남들도 어울린다고 하는 스타일이 있다. 바로 나에게 제일 잘 어울리는 스타일이다. 옷을 입을 때도 우리는 생각한다. 나의 스타일에 맞는지 아닌지.

스타일링할 때를 생각해볼까? 사람마다 자신에게 어울리는 패션이 있다. 나에게 어울리는 스타일링은 어떻게 찾을 수 있을까? 인터넷에서 눈으로만 봐서 알 수 있을까? 절대 아니다. 매장에 찾아가서 입어봐야 한다. 여러 가지 스타일로 시도해봐야 나에게 어울리는지, 안 어울리는지 알 수 있다. 입어보지도 않고 나에게 맞는 패션을 찾을 수는 없다.

우리는 옷을 입을 때도 나에게 어울리는 것인지를 여러 옷을 입어보며 찾는다. 그리고 나만의 스타일을 찾은 사람들은 그 패션대로 즐겨 입는다. 누가 봐도 어울린다. 내가 봐도 어울린다. 이미지는 상당히 중요하다. 이미지 메이킹을 위해 이 옷도 입어보고 저 옷도 입어보는 것이 필요하다. 남에게 어울리는 옷이 나에게도 어울리라는 법이 없기 때문이다.

독서도 마찬가지다. 세상의 독서법은 정말 많다. 이런 독서법으로 해보고 저런 독서법으로 해보면 나에게 맞는 독서법인지 아닌지 알 수 있다. 그런데 미래를 바꿔주는 독서법은 왜 나만의 방법을 찾으려 하지 않을까? 나 역시 지금까지 여러 독서법을 시도해봤다. 이런저런 독서법을 직접 해보면서 나만의 독서법을 찾았다. 나 역시 처음에는 여러 독서법을 해보면서 나에게 어울리지 않는 독서법을 가려냈다.

2010년 여름이었다. 당시 나는 책을 잘 읽고 싶었다. 하지만 책의 첫 장만 봐도 졸리곤 했다. 그래도 책 읽기를 포기할 수는 없었다. 그래서 여러 가지 시도를 했다. 사람들은 버스에서 책을 읽기 어렵다고 했다. 버스에서 읽으면 멀미를 할 수도 있다는 이유에서다. 그래서 버스에서 절대 읽지 않는 사람들도 있다고 한다. 하지만 나는 의구심을 갖고 버스에서 책을 읽기 시작했다. 다행히 나는 멀미를 하지 않는 스타일이었다.

내가 버스에서 책을 읽으려 했던 이유가 있다. 바로 우리 집 앞이 학교로 가는 버스의 종착역이자 시작점이기 때문이었다. 나는 항상 버스에 앉아서 등교했다. 이 얼마나 행운인가? 대학 시절 내내 단 한 번도 서서 등교한 적이 없다. 선천적으로 무료하게 시간을 보내는 것을 못 참았던 나는 생각했다. 버스 안에서 무엇인가를 하기로. 그래서 나는 버스 안에서 책을 읽기로 했다. 그 시절 내가 버스를 탈 때 서서 다녔으면 어땠을까? 아마 책을 읽을 시도조차 하지 않았을 것이다. 여러 가지 운이 맞아 버스에서 책 읽는 나만의 독서법을 찾은 것이다.

세상에 독서법은 많다. 남들이 좋지 않은 독서 습관이라고 말한다고 해서 시도하지 않았다면 어땠을까? 나는 아마 버스에서 책을 읽는 습관을 들이지 못했을 것이다. 그래서 여러 가지 독서법을 나에게 적용해봐야 한다. 여러 독서법을 해보고 나한테 맞는지, 안 맞는지 알아봐야 한다. 머리로만 생각해서는 나에게 맞는 독서법을 찾을 수 없다. 이렇게 운 좋게 나에게 맞는 독서법을 찾았다. 하지만 나에게 맞는 독서법만 찾은 것은 아니다. 독서법을 쓴 여러 작가가 제시하는 방법을 따라 했다가 어울리지 않는다는 것을 알게 된 경험도 있다.

나에게 맞지 않는 독서 방법도 있다

독서법에는 독서 모임을 하는 방법도 있다. 혼자 읽기 어려운 초보자들은 시도해볼 만한 좋은 방법이다. 의지가 없다면 억지로라도 하는 방법이기 때문이다. 나 역시 대학교 시절 독서를 하는 모임이 있어 참여했다. 취지는 좋았다. 독서를 하고 토론까지 할 수 있는 모임이었다. 나는 사람들과 의견도 나눌 겸 참여해서 한 달 정도 했다. 처음 책이 무슨 책이었는지는 정확히 기억나지 않는다. 하지만 그때 들었던 생각은 뚜렷하게 기억난다.

모이면 우리는 먼저 독서 후 감상을 이야기했다. 독서 내용을 말해도 되었고 느낀 점을 말해도 되었다. 당시 모임 규모는 4명이었다. 규모 자체는 적당하다고 생각했다. 하지만 나와 맞지 않는다고 생각했다. 왜냐하면 일단 모임이니 만큼 모두 공통으로 책을 읽어야 했다. 하지만 모든 책이 내가 읽고 싶은 책은 아니었다. 나는 소설책보다는 자기계발쪽 책을 읽고 싶었다. 하지만 모임이니 만큼 1명씩 돌아가면서 읽어야 할 책을 제시했다. 그리고 1주일에 1권씩 책을 읽었다. 내가 읽고 싶지 않은 책을 읽으니 흥미가 점점 없어졌다.

나와 맞지 않다고 생각한 이유는 한 가지 더 있다. 독서 토론을 하는 것 자체가 나와는 맞지 않았다. 4명이라는 적은 규모의 인원이었지만 한 사람당 이야기하는 시간은 짧았다. 그리고 다들 고만고만한 수준인데 도대체 이런 독서 토론이 의미 있는지도 의구심이 들었다. 같은 시간, 같은 장소에 모여서 서로 다른 이야기를 허공에 하는 것 같은 느낌이 들었다. 이렇게 나와는 맞지 않는다는 생각이 들자 나는 모임을 그만두었다.

내가 독서 모임을 해보지 않았다면 나에게 맞는지, 안 맞는지 몰랐을 것이다. 무엇이든 해봐야 경험이 된다. 시도를 해서 성공하면 당연히 좋다. 하지만 실패해도 좋다. 경험자산이 되기 때문이다. 많은 독서 경험이 쌓여야 나의 독서법을 만들 수 있다. 머리로만 생각하면 이루어지는 것은 없다. 반드시 생각하고 나서는 행동을 해야 한다.

여러 가지 독서법을 시도한 덕분에 나는 나만의 독서법을 찾았다. 나는 요즘 책을 읽을 때 이렇게 읽는다. 책 읽기 전 항상 펜과 형광펜을 준비한다. 그리고 책의 목차를 본다. 목차 중에서 내가 관심 있는 부분을 본다. 혹은 지금 내 상황에서 필요한 부분만 골라서 본다. 절대 처음부터 끝까지 보지 않는다. 보고 싶은 부분을 선택했다면 그 페이지로 가서 읽는다.

실제 책을 읽을 때 중요한 부분은 펜으로 밑줄을 긋는다. 정말 중요한 부분은 형광펜을 칠한다. 강조하고 싶은 부분은 동그라미로 표시한다. 때로는 별표를 치기도 한다. 중요한 문장은 '〈 〉' 표시를 한다. 다음에 읽을 때 또 보고 싶은 부분은 책의 모서리를 접는다. 뿐만 아니라 책을 읽으면서 메모를 하기도 한다. 중요한 영감이 들었을 때나 질문이 생각날 때는 항상 메모를 한다. 책을 더럽게 보는 것이다. 그리고 마지막으로 책을 읽은 뒤에는 사색을 한다. 나에게 계속해서 질문한다. 나는 이렇게 책을 볼 때 그 책을 내 것으로 만들 수 있었다.

이런 독서 방법은 나에게 가장 어울리는 독서법이다. 단순히 머리로만 이해해서 찾은 방법이 아니라 이런저런 독서법을 해보면서 찾은 방법이다. 나만의 독서법인 것이다. 나에게 딱 맞는 독서법을 찾았을 때 계속해서 독서를 할 수 있다.

나에게 어울리는 패션은 여러 스타일을 시도해볼 때 찾을 수 있다. 이런저런 스타일을 시도해보고 탄생한 나만의 스타일이 있다. 나만의 스타일링을 할 때 나는 가장 빛난다. 가장 나답다. 그런데 옷 입을 때만 나만의 스타일이 있는 것이 아니다. 책을 읽을 때도 나만의 방법이 있다. 이런저런 독서법을 시도해봐야 나만의 독서법을 찾을 수 있다. 나만의 독서법을 찾아야 편하게 책을 읽을 수 있다. 나에게 맞지 않는 독서법은 나에게 어울리지 않는 옷을 입은 것처럼 불편하다. 옷만 나만의 스타일링을 찾지 말고 독서법도 나만의 방법을 찾아보자. 분명히 당신의 삶을 한 단계 업그레이드해줄 것이다.

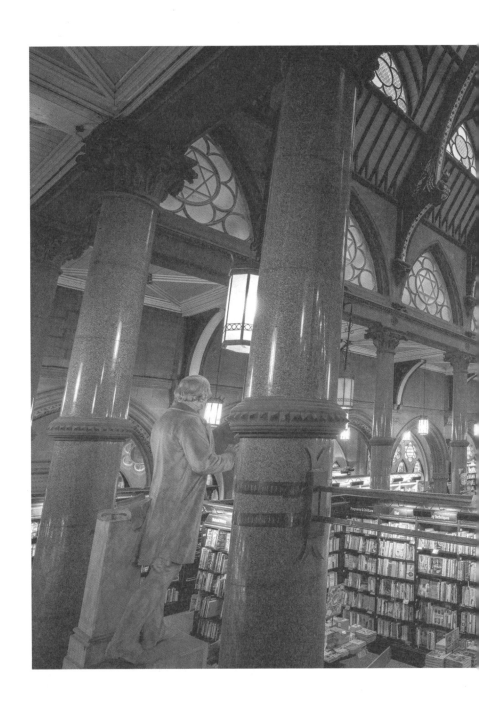

3장

직장인을 위한
가장 현실적인 독서법

01

퇴근 후, 집 근처 카페로 가라

"책 읽는 습관을 기르는 것은 인생의 모든 불행으로부터
스스로를 지킬 피난처를 만드는 것이다."
– 서머셋 모옴

독서 습관이 가장 중요하다

"오늘 나를 있게 한 것은 우리 마을 도서관이었다. 하버드 졸업장보다 소중한 것이 독서하는 습관이었다." 빌게이츠가 말했다. 빌게이츠는 독서하는 습관이 하버드 졸업장보다 소중하다고 한다. 도대체 독서하는 습관이 얼마나 대단하면 빌게이츠가 이렇게 말했을까? 사람들에게 하버드 졸업장과 독서 습관 중 하나를 고르라고 하면 과연 무엇을 선택할까? 물론 직접 물어보진 않았지만 대부분의 사람은 하버드 졸업장을 선택할 것이다.

빌 게이츠가 한 말의 의미는 '과연 둘 중 무엇이 내 삶에 가치 있는 결과를 주었는가?'라고 생각해볼 수 있다. 하버드 졸업장은 단순히 졸업장

에 불과하다. 그저 종잇장일 뿐이다. 하버드를 졸업했다는 것을 증명하는. 졸업장은 과거의 한 점에 불과하다. 졸업장은 죽은 것이다. 그래서 나의 현재와 미래에 영향을 줄 수 없다. 물론 남들이 '우와, 하버드다.'라고 할 수는 있지만 졸업장 자체가 내 삶에 큰 영향을 주지는 않는다.

그러나 독서 습관은 살아 있다. 지금 현재를 살아가고 있다. 그리고 내 미래에 영향을 준다. 독서 습관을 통해 꾸준한 독서를 한다. 독서를 통해 얻은 것을 삶에 적용시킨다. 그래서 독서 습관은 살아 있다고 말하는 것이다. 한번 들인 독서 습관은 평생 간다. 나와 같이 살아가며 나를 성장하게 해준다. 내가 책을 읽고 사색을 하게 해준다. 그리고 깨달음을 얻을 수 있게 해준다. 독서 습관을 잘 들이면 미래를 바꿀 수 있다. 독서 습관을 들이기가 처음에는 어려울 수 있다. 하지만 독서 습관을 잡는 것은 책 읽기에서 가장 중요한 것 중 하나다.

나 역시 한때 집에서만 책을 읽었다. 독서 습관이 되어 있지 않던 2010년에는 책을 읽다가 어느 순간 나는 마루에 나와 TV를 보고 있었다. 아차 싶었다. 그리고 책상으로 돌아가 다시 책을 읽었다. 하지만 잠시 정신 차린 순간에 나는 핸드폰으로 웹툰을 보고 있었다. 이마를 한 대 치며 다시 책상에서 책을 읽기 시작했다. 하지만 이내 다른 것들을 했다. 단지 1시간만 집중하면 되는데 그 집중이 너무 어려웠다. 왜냐하면 책 읽는 습관이 없었기 때문이다.

심지어는 책 읽다가 PC게임을 하기도 했다. TV 케이블 방송을 보면 각종 예능을 재방송으로 볼 수 있었다. 뿐만 아니라 영화도 마음껏 볼 수 있었다. 심지어 어느 때는 과자를 먹으면서 영화를 보고 있는 나를 발했다. 거의 이 정도면 우리 집 모든 사물은 나를 방해하고 있는 것이다. 책 좀 읽지 말라고. 책 읽는 데 방해하는 것이 너무 많았다.

혼자 집에 있어도 책 읽는 습관을 길들이기가 어렵다. 그런데 가족들이 있으면 더 어렵다. 책 읽으려고 하면 그렇게들 나를 찾는다. 막내 동생은 취업 관련해서 물어본다. 아버지는 짐 옮기는 데 나의 도움이 필요하다며 부르신다. 어머니는 밥이랑 간식도 챙겨 먹으라며 아직도 나를 챙겨주신다. 둘째 동생은 나보고 집안일 좀 하라며 꾸짖는다. 집에서 책 읽기란 역시 힘들다. 심지어 책 읽는 게 뭐가 그렇게 중요하냐며 집안일이나 도우라고 혼나기도 한다. 가족으로서 다들 집안일을 하고 있는데 안 할 수도 없는 노릇이다.

직장인들은 보통 책을 읽을 때, 집에서 읽는다. 왜냐하면 퇴근하고 와서 다시 나가는 게 여간 귀찮은 일이 아니기 때문이다. 그런데 집에서 책을 보면 단 1시간이라도 집중해서 보기 어렵다. 습관을 들이는 데 방해하는 요소가 너무도 많다. 혼자 사는 경우에는 일단 마루에는 TV가 있다. 그리고 침대가 있어서 눕고 싶게 한다. 그리고 가정이 있는 경우 집에 아이들과 배우자가 있다. 아이들과 배우자를 버려두고 책 읽기란 여간 어려운 일이 아니다.

독서도 환경이 중요하다

비단 앞의 사례는 나만의 일은 아닐 것이다. 처음 독서를 시작하려는 분들 중에 비슷한 경험을 하는 사람들이 많을 것이다. 어떤 습관을 들일 때는 주위 환경을 잘 조성하는 것도 한 방법이다. 하지만 환경 조성에도 한계가 있다. 환경 조성을 아무리 해도 효과가 없다면, 환경 자체를 바꿔보는 건 어떨까?

다들 한번쯤 들어보지 않았는가? '맹모삼천지교.' 교육에 환경이 얼마나 큰 영향을 미치는지 알려주는 고사성어다. 하지만 단지 교육에 국한된 이야기는 아니다. 독서할 때도 마찬가지다. 독서를 할 수 있는 충분한 환경을 갖추는 것도 중요하다. 만약 주위 환경을 바꾸지 못한다면 내가 찾아가는 방법도 있다.

집에 있으면 책상에 앉아 있어도 이내 침대에 눕게 된다. 사람은 편한 것을 찾으러 다니는 습성이 있다. 서 있으면 앉고 싶다. 앉아 있을 때는 눕고 싶다. 그래서 집에서 읽으면 독서 습관을 들이기가 어려운 분들이 있다. 나 역시 그랬다. 그래서 요즘은 독서 습관을 길들이기 위해 집 근처 카페를 간다. 요즘은 카페가 워낙 많아서 어디를 가든 있다. 스타벅스만 해도 우리 집 앞쪽에 하나, 뒤쪽 건너편에도 하나가 더 있다. 어디 스타벅스만 카페인가? 엔제리너스, 커피빈, 할리스 등 카페가 엄청 많다.

카페에 가면 나는 아메리카노 1잔을 시킨다. 그리고 자리를 잡는다. 주위를 한번 둘러본다. 취업을 준비하는 대학생들, 지인과 담소를 나누는 사람들, 사랑의 시간을 보내는 연인들까지 다양한 사람이 있다. 카페에서 책을 읽으면 편안하게 읽을 수 있다. 약간의 소음은 내가 집중해서 책을 읽는 데 더욱 도움을 준다. 아직 독서 습관이 자리 잡지 않은 직장인의 경우 독서 습관을 잡기 위해서 카페를 가는 것도 큰 도움이 된다.

2010년 초반에는 카페에서 책 읽기가 눈치 보였다. 왜냐하면 공부를 하거나 책 읽으러 카페에 오는 사람들은 오래 앉아 있었기 때문이다. 카페 주인 입장에서는 손님들이 빨리 들어오고 나가야 한다. 시간당 들어오는 손님수가 많아야 매출이 높아지기 때문이다. 당시 카페에 한번 들어오면 책을 읽거나 공부하는 사람들 때문에 주인들이 곤란해했다. 그리고 심지어 카페에 공부하러 오지 말라고 팻말을 붙여놓은 곳도 있었다.

하지만 요즘은 아예 공부를 하거나 책을 읽으라고 자리를 마련해준 카페도 있다. 심지어 스터디 카페라고 아예 카페의 용도 자체가 공부하거나 책을 읽는 게 목적인 곳도 생겼다. 비용이 들기는 하지만 거의 커피 비용이라고 생각하면 된다. 비용이 조금 아깝다고 우리의 인생에 영향을 끼치는 독서를 안 할 덴가? 처음 할 때는 뭐든지 초기 비용이 든다. 아직 독서 습관이 자리 잡지 않은 분들의 경우 카페 가는 비용을 초기 투자 비용이라고 생각하면 된다.

독서 습관이 안 된 상태에서 책 읽기는 불가능하다. 독서 습관이 얼마나 중요한지는 빌게이츠도 말했다. 하버드 졸업장보다 소중하다고. 퇴근하고 책을 읽으려고 하면 참 어렵다. 책 읽는 습관이 별거 아닌 줄 알았는데 정말 어렵다. 집에서 읽다 보면 다른 재밌는 유혹이 많다. TV 예능, 케이블 방송, 영화, 유튜브, 핸드폰 게임, PC게임 등. 이 정도면 우리 집은 나의 독서를 방해하려고 혈안인 것 같다. 자, 이제는 퇴근하고 카페로 가보는 건 어떨까? 카페에 가서 독서를 시작해보자. 스타벅스? 할리스? 커피빈? 카페베네? 가고 싶은 데로 골라서 가자.

02

무조건 빨리, 많이 읽기는 그만!

"책은 많이 읽는 게 중요한 것이 아니라 읽은 내용을 얼마나
자기 것으로 소화해 마음의 양식으로 삼느냐가 중요하다."
– 윈스턴 처칠

빨리, 많이 읽어야 한다는 착각

왜 사람들은 책을 빨리 그리고 많이 읽으려고 할까? 사람들은 책 읽기
라고 하면 이런 목표를 세운다. 하루에 1권 읽기, 한 달에 10권 읽기 혹은
1년에 100권 읽기. 누군가는 이런 목표를 이루기 위해 책을 읽는다. 목표
를 달성하게 되면 과연 무엇을 얻을 수 있을까? 단순히 해당 분야의 지식
만 쌓는 것이 독서의 목적일까? 특히 책을 사서 보게 되면 돈이 아깝다는
생각에 책을 빨리 많이 읽게 된다.

한때 우리나라에서 속독과 다독이 엄청 유행했다. 책을 빨리 많이 읽
기만 하는 것은 인터넷 강의를 2배속, 3배속으로 듣는 것과 같다. 인터넷

강의를 2-3배속으로 빨리 들어본 적이 있는가? 무슨 말을 하는 것인지 잘 들리지도 않는다. 목소리도 변해서 더욱 알아듣기 쉽지 않다.

나는 고등학교 3학년 시절 화학I 인터넷 강의를 들었다. 고3 때 내신도 챙기랴, 수능도 챙기랴 시간이 모자란다고 생각했다. 그래서 어떻게 하면 시간을 줄일 수 있을지 고민했다. 그때 옆에서 친동생이 공부 열심히 하라며 인터넷 강의를 볼 수 있는 기계를 사줬다. 학생이라 돈도 없는데 본인 돈을 알뜰살뜰 모아서 사준 기계였다. 참 고마웠다. 정말 동생이 기특했다.

나는 그 기계로 집에서 학교 가는 지하철에서 인터넷 강의를 들었다. 등하교 시간도 아깝다고 생각했다. 그래서 항상 2배속으로 인터넷 강의를 들었다. 심지어 나중에는 4배속으로 들은 적도 있었다. 40분에 걸려서 보던 영상을 10분 만에 보곤 했다. 완전 기분이 좋았다. 왜냐하면 시간도 단축하고 그만큼 내용이 내 것이 된 것이라고 생각했다. 하지만 그렇게 빨리 인터넷 강의를 들으면 남는 것이 없다.

이해도 안 될 뿐더러 이해가 된다고 해도 기억이 안 난다. 그리고 4배속으로 들으면 정말 강사의 목소리가 너무 이상해진다. 이때 몇 배속으로 듣던 인터넷 강의는 결국 큰 도움이 안 되었다. 듣고 나서 다시 기억하려 해도 잘 기억이 나지 않았다. 결국 다시 화학I 책을 펼쳐봐야 했다. 그리고 원래 재생속도로 인터넷 강의를 들었다.

속독도 마찬가지다. 남는 것이 없다면, 아무리 빨리 읽어봤자 소용이 없다. 기억에 남는 것도 별로 없을 뿐더러 기억에 남는다 해도 단순히 책의 내용을 요약해서 기억하는 것에 지나지 않는다. 이런 식의 내용 요약 독서는 우리가 얻을 수 있는 것이 전혀 없다. 우리 모두 다 겪어봐서 알지 않는가? 고등학교 시절 그 많던 암기과목들을 다 기억하는가? 전혀 기억하지 못한다. 그리고 과연 암기했던 내용들이 지금 내 인생에 얼마나 많은 도움을 주고 있는가? 아니 도움을 주고는 있는가? 전혀 도움이 되지 않는다는 데 모두 다 동의할 것이다.

2012년 여름이었다. 당시 나는 일산의 9사단 백마부대 전차대대 소대장으로 군 생활을 하게 되었다. 군 생활로 바빠지자 책 읽을 시간이 현저하게 줄어들었다. 그래서 단기간에 빠르게 읽을 수 있는 속독에 관심이 생겼다. 당시 얼마나 바빴는지 하루에 1페이지도 못 읽은 날이 많았다. 대대의 3개 중대 중에 우리 중대 소대장들만 한 달 동안 용사(舊 병사)들과 함께 자고 생활하게 되었다. 바로 나의 상사인 중대장 K의 지시였다. 당시 중대장 K는 일을 엄격하게 가르치기로 유명했다. 그리고 무섭기로도 유명했다.

K는 기상시간이 6시지만 소대장은 용사들과 똑같이 자고 똑같이 생활하면 안 된다고 했다. 그래서 5시 30분에 일어나서 미리 준비 다 하고 용사들을 깨우며 아침을 시작했다. 저녁에는 시키는 일이 많아서 새벽 2-3

시에 자곤 했다. 하루 평균 자는 시간이 대충 2-3시간 정도였다. 태어나서 수면 시간이 제일 적은 한 달이었다.

한번은 훈련 지도를 A4로 출력해서 20장을 붙이는 작업을 했다. A4의 한쪽 면만 잘라서 다른 쪽에 붙이는 작업이었다. 한 장 한 장 풀로 붙여서 K에게 드렸다. 그런데 갑자기 K가 물었다. "집에 걸레 있냐." 나는 없다고 했다. K는 내가 드린 지도를 두 손으로 꾸기더니 내 얼굴에 던지며 말했다. "집에 가서 걸레로 써라. 이 새끼야." 너무 황당했다. 태어나 처음 겪는 모멸감이었다. 어떤 생각이나 말을 하기도 전에 K는 나에게 말했다. "지도 만들 때 A4용지 사이사이 흰색 선이 보이면 안 돼. 이 새끼야." 처음부터 말을 해주던가. 나는 할 말을 잃고 중대장실을 나왔다.

그뿐만이 아니었다. 당시 군대에서는 아침마다 회의를 하는데, 아침 회의 자료를 출력해서 회의록에 끼워야 했다. 그때 나는 회의록을 K에게 드렸다. 갑자기 K가 물었다. "너냐?" 나는 무슨 질문인지 몰라서 대답했다. "잘 못 들었습니다." 다시 K가 물었다. "너냐고." 나는 눈을 크게 뜨고 그를 바라봤다. 그러더니 내 가슴팍으로 볼펜 한 자루가 날아왔다. K가 던진 것이다. 당시 K가 화난 이유는 회의록이 반듯하게 끼워져 있지 않아서였다. 처음부터 말해주지 않고 화만 내는 K가 너무 싫었다.

속독의 함정

이렇게 바쁘고 힘든 군 생활에서 나에게 한줄기 빛이 된 것은 다름 아닌 독서였다. 하지만 중대장 K 덕분에(?) 시간이 절대적으로 부족했다. 그래서 나는 속독을 하기로 결심했다. 속독을 어떻게 하는지 먼저 인터넷에서 찾아봤다. 처음에는 단어와 단어를 빠르게 읽으면 되었다. 그러다가 유의미한 덩어리로 책을 읽어야 한다는 내용이다. 나중에는 문장 단위로 빠르게 읽을 수 있다고 했다. 익숙하지 않았지만 꾸준히 시도했다. 며칠이 지나자 단어 단어가 아니라 유의미한 덩어리 단위로 문장을 읽을 수 있게 되었다.

그렇게 빠르게 읽는 독서법을 알게 되자 너무 신났다. 빠르게 읽으니 책도 많이 읽을 수 있게 된 것이다. 독서를 양으로 생각하던 당시의 나는 너무 기뻤다. 세상의 진리를 발견한 기분이었다. 닥치는 대로 책을 읽었다. 그리고 같이 책을 읽는 장교 동기들에게는 자랑하고 다녔다. 하루에 1권을 읽었다. 주말에는 3권을 읽었다. 동기들도 대단하다며 칭찬해주었다. 몇몇 동기는 부러워하기도 했다.

중대장 K가 지시한 용사들과 같이 먹고 자고 생활하는 기간이 지났다. 그리고 선배 장교와 둘이서 지내는 숙소가 생겼다. 책상도 있고 침대도 있었다. 책을 책상에서 읽기도 했고 침대에서 누워서 읽기도 했다. 군 생활 한 달이 지나고 나만의 공간이 생긴 것이다. 편한 상태에서 책을 읽을 수 있어서 너무 행복했다. 그리고 시간적 여유가 생기자 속독을 할 이유가 없어졌다. 편안하게 책을 읽으려고 했다. 그런데 갑자기 지난 한 달 동안 내가 무슨 책을 읽었는지 궁금했다. 책을 보니 뿌듯했지만 기억나는 내용이 하나도 없었다. 속독을 하고 많은 책을 읽었음에도 나의 독서에는 남는 것이 없었던 것이다.

하지만 단 한 구절을 읽어도 인생에 큰 영향을 미치는 경우도 있다. 흔히 명언이 그런 경우가 많다. 나에게는 윈스턴 처칠의 명언이 그런 구절이었다. 나의 인생의 좌우명이 된 명언이다. 그리고 힘들 때마다 이 명언을 생각한다.

"염세주의자는 기회가 있을 때에도 어려움을 보고, 낙천주의자는 어려움이 있을 때마다 기회를 보게 된다."

나는 이 명언을 보고 이렇게 생각을 했다. 염세주의자는 실패하는 사람이고 낙천주의자는 성공하는 사람이라고. 그리고 나는 이렇게 다짐했다. 기회와 어려움은 어느 곳에나 같이 있다. 내가 바꿀 수 없는 것에 대해 한탄할 시간에 내가 바꿀 수 있는 것에 집중하자. 윈스턴 처칠의 짧은 명언이지만 나에게는 2012년 여름 한 달 동안 읽은 여러 권의 책보다 큰 영향을 끼친 것이다.

책을 빠르게 많이 읽는 것은 인터넷 강의를 2-4배속으로 듣는 것과 같다. 동일한 시간에 평소 듣던 것보다 2-4개의 인터넷 강의를 더 들을 수 있다. 하지만 정작 내가 배운 것은 없다. 너무 빠르게만 들었기 때문이다. 속독은 몇 배 빠르게 내용을 읽을 수 있지만 정작 남는 것이 없는 독서법이다. 그래서 무조건 빠르고 많이 책을 읽는 것은 중요하지 않다. 단 몇 페이지를 읽어도 중요한 구절을 내 것으로 만드는 것이 중요하다. 무조건 빨리, 많이 읽어야 한다는 착각을 버려라.

03

가벼운 마음으로 어떻게든 읽어라

"하버드 졸업장보다 더 중요한 것이 독서하는 습관이다."
– 빌 게이츠

일단 독서 습관을 들이자

"하버드 졸업장보다 더 중요한 것이 독서하는 습관이다." 빌 게이츠의 명언이다. 하버드가 어떤 대학인가? 모두 알다시피 전 세계 최고의 대학 중 하나다. 빌 게이츠가 누구인가? 마이크로소프트라는 회사를 전 세계 최고의 회사로 성장시킨 사람이다. 그런 그가 말했다. 하버드 졸업장보다 독서 습관이 더 중요하다고. 이 명언을 듣고 이런 생각을 하는 사람이라면 독서를 그만두어도 좋다. '에이, 하버드 졸업생이니까 저런 말할 수 있는 것 아냐?' 성장할 마인드가 없는 사람이다. 우리는 하버드에 주목하면 안 된다. 그 대단한 빌 게이츠라는 사람이 독서 습관을 중요하게 생각한다는 것에 주목해야 한다.

독서 습관이 왜 중요할까? 독서 습관이 바로 책 읽기의 기본이자 시작이기 때문이다. 독서 습관이 바로 서야 꾸준한 독서가 가능하다. 그럼 독서 습관은 어떻게 형성할 수 있을까?

일단 읽어야 한다. 당신이 책 읽기에 흥미가 있다면 다행이지만 책 읽기에 흥미가 없다면 일단 책을 읽어서 습관부터 들여야 한다. 습관을 들이는 방법이 바로 소설책 읽듯이 가볍게 읽는 것이다. 우리는 흔히 책을 읽으면 내용을 요약하려고 한다. 하지만 이는 독서를 재미없게 만든다. 독서를 공부처럼 하기 때문이다.

2010년 여름이었다. 나는 당시 처음 책을 읽기 시작했다. 교과서나 문제집을 제외하고는 22년간 단 한 권의 책도 읽지 않았던 나였다. 당연히 독서 습관이 있을 리 없다. 그 어떤 책을 봐도 일단 읽는 것 자체가 힘들었다. 『해리포터』를 봐도 첫 장에서 몇 번이나 잤는지 모르겠다. 그래서 나는 내가 좋아할 만한 분야의 책을 찾았다. 바로 위인전이었다. 당시 나는 명진 출판사에서 나온 '명진 롤모델 시리즈 세트' 전 10권을 구매했다. 오프라 윈프리, 스티브 잡스, 오바마, 힐러리 등 유명한 사람들에 대한 책들이다.

대학생이나 돼서 무슨 위인전이나 읽느냐고 생각할 수 있다. 하지만 독서 습관이 없던 나에게는 위인전조차 어려웠다. 뭔가 동기부여를 주면서도 소설책처럼 읽기 쉬운 책들을 읽을 필요가 있었다. 아직도 기억난다. 위인전을 읽으면서 나도 저렇게 돼야겠다, 큰 꿈을 가져야겠다고 생각했다. 그리고 스티비 원더, 오바마, 스티브 잡스, 오프라 윈프리 이야기를 읽을 때는 눈물을 흘렸다. 감동의 눈물을 흘린 것이다. 이렇듯 나역시 처음에는 가볍게 읽기 시작했다.

내가 책을 읽기 시작한 2010년은 스마트폰이 보급되던 초창기였다. 그래서 책을 읽기가 지금보다는 수월했다. 왜냐하면 스마트폰으로 언제 어디서든 쉽게 인터넷에 접속하는 문화가 자리 잡지 않았기 때문이다. 하지만 요즘은 1인 1스마트폰 시대다. 손에서 스마트폰을 놓기가 어렵다. 심지어 스마트 워치도 있다. 일부 전자기기들은 모두 스마트하게 진화했다. 조금 과장하면 아침에 일어나는 순간부터 자기 직전까지 스마트폰을 손에 쥐고 있다. 지하철이나 버스에 탈 때 탑승자들을 보면 너도나도 스마트폰 삼매경이다.

출퇴근 시간이야 그렇다 치자. 퇴근하고 집에 오면 자기 전까지 시간이 어느 정도 확보된다. 그런데 스마트폰 안에는 정말 재밌는 콘텐츠가 있다. 바로 유튜브다. 퇴근하고 집에 오면 누워서 유튜브를 본다. 그렇게 재밌을 수 없다. 시간도 정말 빨리 지나간다. 유튜브를 본 적이 있는 사람들이라면 알 것이다. 유튜브는 하나의 영상을 보면 관련 영상이 계속 추천된다. 잠깐 본 줄 알았는데 정신 차리면 1~2시간은 금방 지나가 있다. 그뿐만 아니라 인스타그램이라는 SNS도 있다. 시간 먹는 하마라고 부를 만하다. 인스타도 하고 있으면 시간 가는 줄 모른다. 나도 최근에 인스타를 시작했는데 잠깐 보다 보면 30분이 지나가 있다.

일단 책을 읽어보자

2018년 겨울이었다. 나는 그때 유튜브 중독자였다. 퇴근하고 집에 오면 유튜브부터 봤다. 나는 회사 근처에서 자취를 하는데 퇴근 셔틀을 타고 집에 약 30분 정도면 도착한다. 집에 와서 씻고 침대에 누우면 천국이 따로 없다. 게다가 내 손에는 나를 유튜브의 세계로 접속시켜줄 스마트폰도 있다. 아직 자기에는 아쉽다. 한 2-3시간 정도는 무엇인가를 할 수 있는 충분한 시간이 있었다. 유튜브 조금만 보고 책을 읽으려 했다. 하지만 유튜브를 켠 순간 정신을 차리고 보니 12시였다. 자야 할 시간이다.

내가 정신 못 차리는 콘텐츠는 컬투쇼였다. 한 번도 라디오로 들었던 적이 없었다. 우연한 기회에 컬투쇼를 유튜브로 보게 되었다. 한 편에 3-4분 내외의 분량이었다. 몇 개만 보고 책 읽어야겠다고 생각하기 딱 좋은 분량이다. 하지만 누가 알았겠는가? 이 영상을 수십 개를 볼지. 컬투쇼 사연들이 너무 재밌다. 혼자 봐도 배꼽을 움켜잡고 깔깔대며 웃게 된다. 물론 누군가는 사연 자체가 각색이 너무 됐다고도 한다. 하지만 그런 건 상관없다. 지금 내가 그 영상을 보고 재밌는 게 중요하다. 그렇게 퇴근 후 꿀 같은 시간이 순식간에 삭제된다.

이런 스마트한 시대를 우리는 살아가고 있다. 우리는 진정 독서를 할 수 없는 것일까? 이렇게 재밌는 유튜브가 있는데 어떻게 독서를 시작할 수 있을까? 조금만 바꿔 생각해보자. 스마트폰 하는 시간에 책을 읽어보면 된다. 유튜브 보려 했던 시간에 책을 보면 된다. 물론 말은 쉽다. 그래서 이렇게 생각을 했으면 한다. 영화 볼 때 어떻게 하는가? 출연진과 제목을 보고 간단한 줄거리도 본다. 그리고 그 영화를 선택해서 본다. 아니면 그냥 장르만 선택해서 영화를 보기도 한다. 책 읽기도 마찬가지다. 장르를 선택해서 일단 보자. 소설도 좋고 자기계발 서적도 좋고 위인전도 좋다.

왜 우리는 영화는 그렇게 쉽게 선택하면서 책 선택은 어려워하는 걸까? 책도 그냥 내가 좋아하는 분야부터 시작해보자. 도저히 안 되겠다면 만화책류도 괜찮다. 일단 습관을 들여야 한다. 어려운 책이 아니라 쉬운 책부터 읽어야 한다. 나에게 독서법 코칭을 받으러 오는 사람들에게 이렇게 비유해서 설명한다. 누구든 헬스장에 등록해도 헬스장에 안 가면 운동을 못 한다. 일단 헬스장에 가서 러닝머신 위에서 달리는 습관을 들여야 한다. 그래야 다른 근육 운동을 할 수 있다.

독서도 마찬가지다. 일단 러닝머신 위에서 달리는 것처럼 쉬운 책을 읽어야 한다. 러닝머신을 하고 난 뒤에 근육을 단련하는 운동을 하는 것처럼 그렇게 독서를 해야 한다. 즉 일단 쉽고 좋아하는 책으로 습관을 들여야 한다. 그러고 난 뒤 다른 뇌의 근육을 단련해주는 독서를 할 수 있다. 습관 없이 근육을 키우려 하면 안 된다. 이내 헬스장을 가지 않게 된다. 마찬가지로 독서도 습관 없이 책을 읽으려 하면 그만두게 된다.

나 역시 2017년에 헬스장에서 PT를 등록했다. 태어나서 처음 PT를 받았다. 회사 일을 하면서 피곤하기도 했지만 비싼 돈을 주고 운동을 안 하기는 아쉬웠다. 그래서 습관을 들이기 위해 매일 헬스장에 일단 갔다. 정말 피곤한 날은 가서 샤워만 하고 나왔다. 일단 가는 습관을 들이자 운동은 자연스럽게 하게 되었다.

책 읽는 습관을 들이기가 어려운 요즘이다. 책 읽기보다 재밌는 것들이 너무 많다. 유튜브, 인스타그램 등 한번 시작하면 시간 가는 줄도 모른다. 그만큼 쉽고 재밌는 것들이라는 말이다. 그래서 조금만 생각을 바꿔보자. 스마트폰을 하는 대신에 책을 한번 읽어보자. 그리고 책을 읽을 때 처음부터 내용을 다 이해하려고 하지 말자. 전체를 이해하고 파악하려 하면 피곤하다. 시작도 전에 포기하게 된다. 그냥 소설책 읽듯이 가벼운 마음으로 책을 읽자.

독서를 위한 정소장의 시간 관리 전략
06 - 자투리 시간을 활용하라

　자투리 시간이 정말 중요하다. 자투리 시간을 활용해본 사람만이 중요성을 안다. 1분, 3분, 5분이 모이면 1시간이 된다. 그 짧은 시간에 할 수 있는 것은 너무나도 많다. 나는 고등학교 시절 단 1초도 허투루 사용한 적이 없다. 그때의 습관일까? 직장인인 지금도 무엇인가 할 때 자투리 시간을 잘 활용하고 있다.

　고등학교 3학년 시절 나는 화장실에 있는 시간도 활용했다. 당시 나는 화장실에 포스트잇으로 꼭 외워야 할 것들을 붙여놨다. 이를 닦으면서 그것들을 외웠다. 총 4군데 벽이 있었다. 각각의 벽에는 수학 공식, 지구과학 공식, 화학 공식, 영어 단어를 붙였다. 그리고 등교할 때는 항상 2가지 중 1가지를 했다. 외국어 영역 듣기 파일을 듣거나 영어 단어를 외웠다. 이때 영어 단어는 단어장이 아니다. 문제를 풀면서 모르는 단어들을 적어놓은 별도의 나만의 노트를 봤다. 학교에서도 마찬가지였다. 쉬는 시간 10분 동안에는 항상 과목별 선생님들에게 질문했다.

　자투리 시간을 잘 활용한 덕분에 나는 서울대학교 학생이 될 수 있었다.

　군에서 장교 시절에는 자투리 시간에 영어 회화 공부를 했다. 출퇴근하면서 발음 연습을 했다. 화장실에 있는 시간과 점심 먹고 나서는 영어 MP3 파일을 들었다. 그 결과 "나는 아침마다 운동한다."라고 영어로 말하지 못하던 내가 생활영어 정도는 자유롭게 할 수 있다. 직장인이 된 지금은 항상 출퇴근 버스에서의 시간을 활용한다. 항상 출퇴근 버스에서 책을 읽는다. 그 덕분에 이렇게 독서법 관련된 책까지 쓰고 있다. 이렇듯 우리는 자투리 시간 활용으로 엄청난 것들을 얻을 수 있다.

지금, 여기에서 시작하라

"우물쭈물하다가 내 이럴 줄 알았어."
– 조지 버나드 쇼

가장 중요한 것은 시간이다

"우물쭈물하다가 내 이럴 줄 알았어." 조지 버나드 쇼의 명언이다. 어떤 일을 할 때 망설이다가 결국 후회한다는 의미다. 망설이는 순간에도 누군가는 실행을 하고 있다. 걱정하는 그 순간에도 누군가는 결심을 하고 행동을 한다. 시간은 다시 되돌릴 수 없다는 특성을 가지고 있다. 아무것도 하지 않고 지나가는 시간은 돌아오지 않는다. 바로 지금, 여기에서 시작해야 한다.

우물쭈물하다가는 지금이 과거가 되어버린다. 시간은 순식간에 지나간다. 내가 지금 원고를 쓰고 있는 이 순간도 잠시 뒤면 과거가 된다. 이렇게 순간순간 지금이 과거로 변하게 된다. 지금이라는 시간이 정말 소중하다. 절대 되돌릴 수 없기 때문이다. 그리고 지금이라는 시간이 모여 미래의 나를 만든다. 지금 내가 무엇을 하고 있는지와 지금 내가 어떤 생각을 하고 있는지가 미래를 결정한다. 시간이 가장 중요하다.

흔히 후회에 관해서 질문한다. '하지 않고 하는 후회가 나을까? 하고 나서 하는 후회가 나을까?' 당연히 하고 나서 하는 후회가 낫다. 하고 나서는 결과가 생긴다. 설사 실패했다고 하더라도 경험이 생긴다. 경험을 바탕으로 반성을 할 수 있다. 그래서 반성을 통해 우리는 해야 할 것과 하지 말아야 할 것을 배울 수 있다. 하지만 하지 않고 하는 후회는 아무것도 남지 않는다.

2015년도만 해도 나는 때와 장소를 가리지 않고 책을 읽었다. 출근길과 퇴근길, 어느 시간이든 어느 장소든 가리지 않았다. 2015년도에 나는 서울 강남역으로 출퇴근을 했다. 책 읽는 습관이 잘 잡혀 있었다. 어느 날이었다. 당시 내가 출근하는 사무실은 강남역 지하와 연결되어 있었다. 지하철을 지나 회사로 가는 내내 책을 읽었다. 심지어 엘리베이터에서도 책을 읽었다.

그 장면을 직장 동료인 J가 봤다. J는 놀라며 나에게 말했다. 독서가 그렇게 재밌냐고. 당시 녹서가 재밌기도 했지만 나는 독서 습관을 기르기 위해 시간과 장소를 가리지 않고 읽은 것이었다. 그렇게 독서 습관이 자리잡았다. 독서 습관을 기르자 내가 의식하지 않아도 책을 읽게 되었다.

2016년 4월이었다. 당시 사무실은 기흥에 있었다. 회사에 출퇴근 셔틀

버스를 타고 다녔다. 2015년과 비교해도 출퇴근 시간에 큰 차이는 없었다. 하지만 바쁜 일상과 회사 일에 치여서 독서를 조금씩 줄이고 있었다. 나중에 읽어야지 하는 생각을 했다. 지금 말고 좀 편해지면 그때 읽어야지 생각한 것이다. 그렇게 조금씩 습관이 사라졌다. 어느 순간 나는 책 읽기보다는 출퇴근 버스에서 자고 있었다. 아니면 유튜브를 보았다.

습관이라는 녀석은 정말 정직하다. 딱 내가 들인 노력만큼 자리 잡는다. 내가 조금이라도 하지 않으면 금세 사라진다. 습관은 지속적으로 하지 않으면 금방 사라진다는 특성이 있다. 꾸준히 하지 않으면 나도 모르는 사이에 예전의 나의 모습으로 돌아간다. 습관은 꾸준히 지속할 때 나의 곁에 남아 있는다. 습관을 위해서 들이는 시간은 중요하지 않다. 매일매일 꾸준히 하는 것이 중요하다. 하루 정도는 사람이라 못 할 수도 있다. 하지만 다음 날에는 꼭 해야 한다. 다음 날에도 하지 않으면 점차 습관이 사라진다. 귀신 같이 사라진다.

한동안 책을 읽지 않은 나는 독서 습관이 사라진 지 오래였다. 2019년 2월부터 다시 독서 습관을 들이기로 결심했다. 2월 말에 나는 집에서 5일 휴가를 보내고 있었다. 당시 독서 습관을 들이기 위해 교보문고에서 책을 여러 권 샀다. 그리고 어디를 가든 항상 책을 가지고 다녔다.

가족끼리 강화도에 점심을 먹으러 갈 때도 책을 읽었다. 그리고 음식점에 들어가서도 음식이 나오기 전까지 계속 책을 읽었다. 돌아가는 차

안에서도 책을 읽었다. 화장실에서도 책을 읽었다. 2016년처럼 습관들이기에 실패하지 않기 위해 지금 당장 여기서 읽어야겠다고 결심했다. 그렇게 나는 2019년 초 다시 책을 읽을 수 있게 되었다.

습관이 전부다

생각해보면 어느 분야든 습관을 형성하는 것이 가장 중요하다. 습관 없이 무엇인가를 해내기란 어렵다. 헬스장에서 운동을 할 때도 습관을 들이기 위해 매일 가야 한다. 그리고 악기를 배울 때도 매일 조금씩 연습해야 한다. 또한 영어 회화를 훈련할 때도 매일매일 조금씩이라도 영어로 말하는 습관을 들이는 것이 중요하다. 이것뿐일까? 공부도 마찬가지다. 공부도 습관이다. 엉덩이 힘으로 하는 것이다. 책상에 앉아 있는 버릇을 들여야 공부를 할 수 있다.

일반인에게도 습관이 중요하다. 하지만 장인들에게도 습관은 엄청 중요하다. 흔히 한 분야의 장인이나 명인이라고 하면 특별한 재주가 처음부터 있었을 것이라고 생각한다. 하지만 엄청난 착각이다. 그들 역시 처음에는 일반인이었다. 처음에는 습관을 들이기 위해 노력을 했다. 〈생활의 달인〉에서 보면 공통점이 있다. 달인은 무엇이든 매일 반복적으로 꾸준히 했다는 것이다. 그렇게 습관을 들이고 나서야 무엇이든 꾸준히 잘할 수 있게 된다.

나는 2019년 2월부터 출퇴근 길에는 꼭 책을 읽는다. 습관을 들이기 위해서다. 집 앞에서 6시 55분에 셔틀을 탈 수 있다. 나는 6시 40분에 집에서 나온다. 집을 나서면서부터 책을 들고 다닌다. 횡단보도에서 잠시 기다릴 때 1페이지 정도 읽는다. 가벼운 마음으로 읽는다. 읽다가 중요한 부분에는 펜으로 밑줄을 긋기도 한다. 그렇게 걷다 보면 6시 50분에 셔틀 정류장에 도착한다. 셔틀 정류장에 도착하면 약 3-5분 정도 시간이 남는다. 이때 시간을 활용해 몇 페이지 독서를 한다. 셔틀에 탑승하면 다시 책을 펼친다. 셔틀 버스는 회사까지 20분 정도면 도착한다. 그 시간 동안 또 책을 읽는다.

퇴근 시간에도 마찬가지로 책을 읽는다. 셔틀 정류장에 도착하면 보통 버스가 도착해 있다. 도착해 있으면 탑승해서 출발 전까지 책을 읽는다. 도착하지 않았다면 버스가 도착할 때까지 정류장에 서서 책을 읽는다. 버스가 출발하면 집 근처 정류장에 도착할 때까지 대략 20분 내외의 시간이 걸린다. 그 시간 동안에만 책을 읽어도 습관이 자리 잡는다.

이렇게 나는 출퇴근길에 책을 읽는 습관을 길들이고 있다. 예전에는 그저 출퇴근 셔틀버스에서 자거나 유튜브를 보았다. 웹툰을 볼 때도 있었다. 그렇게 좋아하던 포켓몬스터 게임을 하기도 했다. 하지만 올해 2월부터는 출퇴근 버스에서 매일 책을 읽는다. 출퇴근 시간은 각각 20분 내외 정도의 시간이 있다. 이 시간은 짧다면 짧다고 할 수 있지만 길다면 길다고 할 수 있는 시간이다. 책 읽는 데 20분이면 충분하다. 습관을 들이기에는 딱 적절한 시간이다.

책을 읽는 데 습관을 들이는 것이 중요하다. 처음부터 1시간씩 독서하기란 여간 어려운 일이 아니다. 습관은 '나중에 해야지' 하는 생각으로는 절대 길들일 수 없다. '조금 피곤하니까 나중에 해야지, 조금 힘드니까 이따가 해야지' 하는 생각은 습관 형성에 아주 안 좋은 영향을 끼친다. 독서습관은 지금 여기서 시작할 때 형성할 수 있다. 당신의 독서 습관이 아직 안 잡혔다면 1분이고 5분이고 좋다. 지금, 여기서 시작해보는 건 어떨까?

05

필요한 분야에 집중하라

"사귀는 친구만큼 읽는 책에도 주의하라.
습관과 성격은 전자만큼이나 후자에게도 영향을 받을 것이다."
– 팩스트 후드

모든 분야보다 필요한 분야에 집중하라

우리는 어릴 때부터 음식을 가리지 말고 골고루 먹어야 된다고 배웠다. 어릴 때야 영양분을 골고루 섭취해야 자라기 때문에 맞는 말이다. 하지만 다 자라난 성인의 경우에도 계속 골고루 먹어야 할까? 아니다. 성인의 경우 대부분 성장했기 때문에 골고루 영양분을 섭취하지 않아도 된다. 편식해도 된다. 필요한 영양소만 먹는 편이 낫다. 이미 충분한 영양분을 필요 이상으로 먹는 것은 몸에도 좋지 않다.

이는 음식에만 통용되는 이야기는 아니다. 헬스장에서 운동에 비유해서 생각해보자. 근력 운동을 할 때 팔, 다리, 어깨 등 모든 부위를 운동할 필요가 없다. 사람에 따라 필요한 근육이 다르다. 어떤 사람은 팔다리는 이미 근육이 많아서 먼저 다른 부위의 근육 운동을 해야 하는 경우도 있다. 나에게 부족한 부분을 위주로 운동하면 된다. 나는 이미 팔다리의 근육이 충분한데 계속해서 해당 부위만 운동할 필요는 없다. 나에게 부족한 등, 가슴, 어깨 근육 위주로 운동을 해야 한다.

비타민을 섭취할 때도 마찬가지다. 흔히 잘 모를 때는 종합 비타민만 먹곤 한다. 잘 모르고 귀찮아서 그냥 종합 비타민만 먹으면 될 것으로 생각한다. 하지만 이는 잘못된 섭취다. 비타민도 개인에 따라 충분한 비타민이 있고 부족한 비타민이 있다. 그런데 종합 비타민만 계속 섭취하면 효과적이지 못한 방법이 된다. 비타민을 먹어도 나에게 부족한 비타민만 먹으면 된다. 편식해도 된다는 말이다. 이미 충분한 비타민을 계속 먹어서 필요 이상으로 많아지면 오히려 곤란하다.

외국어 공부를 할 때도 마찬가지다. 내가 부족한 부분만 공부하면 된다. 내가 듣기, 읽기를 잘하고 말하기를 못한다고 가정해보자. 그런데 듣기, 읽기 공부만 하면 어떻게 될까? 시간 낭비, 돈 낭비를 하고 있는 것이다. 말하기 부분에 집중적으로 투자해야 한다. 말하기 실력을 높이기 위해서 공부해야 한다. 외국어를 배울 때도 나에게 부족한 부분만 배우면 된다. 이미 잘하고 있는 부분을 굳이 돈과 시간을 들여 배울 필요가 없다. 그럼 독서의 경우는 어떨까? 몇 가지 나의 사례를 들려주며 말하고 싶다.

내가 한창 책을 읽던 2011년이었다. 여행 에세이, 종교, 자연과학, 인문 고전, 사회과학, 자기계발, 경제·경영 등 안 읽은 분야가 없을 정도였다. 그렇게 혼자 뿌듯해하며 읽었다. 남들에게는 '나는 이렇게 다양한 책을 읽는 사람이다.'라고 자랑하고 싶은 마음도 내심 있었나 보다. 책을 읽으면 뭔가 대단한 사람 같았다. 특히, 어려운 책을 읽고 느낀 점을 SNS에 게시하면 댓글이 폭발했다. '대단하다, '역시 다르다' 등 반응은 다양했다.

당시 나는 사회 문제에 관심이 있었다. 그래서 장 지글러의 『왜 세계의 절반은 굶주리는가?』라는 책을 읽었다. 그리고 SNS에 글을 게시했다. 모두 대단하다며 칭찬했다. 당시 읽었던 책 중에 최고 허세는 인문 고전 분야였다. 당시 나는 김형찬의 『논어』, 박경환의 『맹자』 등을 읽고 다녔다. 남들 보란 듯이 항상 손에 들고 다녔다.

이렇듯 나 역시 책이라 하면 무조건 모두 다 좋은 책이라고 생각했다. 당연히 분야를 가리지 않고 모든 책을 읽어야 한다고 생각했다. 마치 비타민 섭취할 때 내게 필요한 비타민이 아니라 종합 비타민을 섭취하는 것과 비슷한 독서였다. 하지만 나에게 필요한 것은 인문 고전이나 사회 분야의 책이 아니었다. 좀 더 내 삶에 직접적으로 영향을 주는 책을 읽었어야 했다. 인문 고전 분야는 특히 단숨에 이해하고 깨닫기는 어려운 책이다. 한두 번 읽어서 내용을 이해하는 수준으로 읽을 수 없었다. 당시 시대를 알아야 하는 책이다. 작가의 사상과 배경도 알아야 하는 책이다.

그럴 때 진정한 인문 고전 읽기가 가능하다. 단순히 읽기만 해서 되는 책은 아니었다.

여러 분야의 책을 읽던 나는 뭔가 이상한 것을 느꼈다. 왠지 시간만 낭비하는 것 같은 느낌도 들었다. 그래서 나에게 질문했다. '내가 읽고 있는 책들이 나에게 적합하지 않은 것은 아닐까? 나의 성공을 위해서는 다른 분야의 책을 읽어야 하는 것은 아닐까?' 나는 나름대로 결론을 내리고 성공과 관련한 책을 읽기로 결심했다. 그렇게 자기계발 분야의 책을 접하게 되었다. 시중에 나와 있는 자기계발 분야의 책을 닥치는 대로 읽었다.

당신 내 상태에서 부족한 것은 인문 고전, 사회과학, 철학, 역사와 같은 지식이 아니라고 생각했다. 나의 문제는 그동안 책을 통해 지식 축적만 하고 있던 것이라고 생각했다. 자기계발 분야의 책을 읽으면서 나는 비약적으로 성공할 것이라고 생각했다. 그런데 자기계발 분야의 책을 읽어도 변화도, 비약적인 발전도 없는 나를 발견했다. 남들과 똑같이 군 생활을 했고 누구나 하는 취업을 했다. 그렇게 직장에서 열심히 일을 했다.

드디어 독서 편식을 시작하다

과연 나의 독서가 잘못된 것이었을까? 나는 2019년 2월이 되도록 도대체 무엇이 잘못된 것인지 몰랐다. 그러다 정확히 어떤 점이 잘못된 것인지 알게 되었다. 내가 부족한 부분은 바로 의식의 확장 없이 독서를 했다는 것이었다. 그것을 모르고 오랜 시간 동안 밑 빠진 독에 물 붓기처럼 독서를 하고 있던 것이었다. 나는 의식 확장이 가장 중요하다는 것을 2019년 3월에 알게 되었다. 바로 〈한책협〉의 대표인 김도사님을 통해 알게 된 것이다. 의식 확장이 얼마나 중요한지 김도사님의 유튜브 채널을 통해서도 깨달을 수 있다. 바로 〈김도사TV책쓰기〉와 〈TV네빌고다드〉 채널이다.

나는 김도사님의 의식 확장에 도움이 되는 책들을 읽기 시작했다. 그리고 내 의식이 확장되는 경험을 했다. 여태까지의 책 읽기와는 다른 경험이었다. 도사님을 만나고 나서 이런 책들을 읽었다. 네빌 고다드의 『상상의 힘』, 『믿음으로 걸어라』, 세인 스노의 『스마트컷』, 라이너 지델만의 『무엇이 당신을 부자로 만드는가』, 오리슨 S. 마든의 『아무도 가르쳐주지 않는 부의 비밀』 등이다.

특히, 나는 네빌 고다드의 『믿음으로 걸어라』를 읽었을 때 인생 최고의 충격을 받았다. 나의 믿음이 나의 미래를 창조한다는 내용이었다. 나라는 존재는 무엇이든 할 수 있고 무엇이든 될 수 있다. 눈에 보이는 것을 믿는 것이 아니라 보이지 않는 것을 믿어야 한다는 내용이다. 나는 꿈꾸기 시작했다. 4월에 나의 책을 출판사와 계약하고 5월에 나의 책이 출간되는 꿈을 꾸었다. 그리고 믿음으로 강력하게 나아가고 있다. 한 치의 의심도 없다. 오로지 그 꿈의 끝에서 상상하고 끝에서 시작한다. 이 책을 읽으면 가슴 깊은 곳에서 엄청난 에너지가 올라오는 것을 느낀다.

인생의 성공을 꿈꾸며 많은 사람들이 독서를 하고 있다. 이 분야 저 분야의 모든 책을 읽고 있다. 성공을 위해 우리는 자기계발 분야의 책을 읽기도 하고 경제경영 분야의 책을 읽기도 한다. 그런데 가장 중요한 것은 의식 확장이 되어야 한다는 것이다. 독서를 아무리해도 소용이 없다. 의식 확장 없는 독서와 자기계발은 밑 빠진 독에 물 붓기와 같다. 독서는 종합 비타민처럼 섭취하는 것이 아니다. 독서는 골라서 해야 한다. 내가 부족한 영역을 독서로 채워야 한다. 그 부족한 부분이 바로 의식 확장이다. 의식 확장이 먼저다. 더 이상 종합 독서는 하지 말자. 이제 편식을 해야만 한다.

06

아무렇게나 메모하며 읽어라

"읽는 것만큼 쓰는 것을 통해서도 많이 배운다."
— 액톤 경

깨끗이 보면 깨끗이 잊는다

2014년 입사 이후 친하게 지내는 입사동기 G가 있다. G와는 벌써 5년
지기 직장 동료다. 힘든 일이 있을 때 서로의 한탄을 들어주고 도움이 필
요할 때는 언제든 서로에게 도움을 준 우리는 서로에게 의지가 되었다.
독서와는 거리가 멀었던 그는 최근 나의 영향으로 책을 읽기 시작했다.
G는 한 달에 한 권 정도 책을 읽는다. 나의 강력한 추천으로 G 역시 책을
구매해서 읽는다. 그런데 어느 날 나에게 물었다. 독서를 꾸준히 하긴 하
는데 뭔가 읽고 나면 남는 것이 없다고.

그래서 우리는 퇴근하고 저녁을 같이 먹기로 했다. 나는 G에게 읽고
있는 책을 가지고 오라고 했다. 저녁을 먹으면서 이런저런 이야기를 했

다. 그리고 커피를 한잔 하며 담소를 나눌 수 있는 공간으로 갔다. 커피를 마시면서 독서에 대해 본격적으로 이야기를 시작했다. 그는 책을 읽어도 전혀 기억나는 것이 없다고 했다. 도대체 무엇이 문제일까? 우리는 서로 읽고 있는 책을 펴서 비교해봤다.

나는 무슨 차이가 있냐고 G에게 물었다. G는 이야기했다. 본인의 책은 깨끗하다고 했다. 하지만 나의 책에는 밑줄도 그어져 있다고 했다. 책의 모서리도 접혀 있다고 했다. 결정적으로 책에다 낙서처럼 무언가 글이 적혀 있다고 했다. 그리고 G는 너무 더럽게 책을 보는 것이 아니냐고 물어봤다. 나는 책을 보려면 더럽게 봐야 한다고 했다. 특히, 나의 생각이나 경험, 느낀 점 등을 책에 바로 적으면서 독서를 하면 오래 기억에 남는 독서가 된다고 했다. 책을 깨끗하게 보면 내 머릿속에서 깨끗하게 잊혀져버린다.

나는 불과 2019년 2월까지도 책을 읽을 때 메모하면서 읽지는 않았다. 2019년 2월 나는 5일간의 휴가를 보내면서 여행을 가는 대신 책을 여러 권 구매해서 읽기로 결정했다. 당시 나의 미래에 대해 고민이 많았다. 아직 30대 초반이었지만 인생 2막을 미리 준비하고 있었다. 인생 2막을 막연히 코칭, 강연 분야로 준비하고 있다. 고등학교 때부터 강연과 강의를 좋아했던 나는 1권의 책을 가장 먼저 읽었다. 제목이 강력하게 나를 부르고 있었다. 나는 그 책을 고를 수밖에 없었다. 그래서 오성숙 작가의 『강의 잘하는 기술』이라는 책을 읽었다.

여전히 나는 책을 처음부터 끝까지 읽었다. 그리고 밑줄을 치면서 읽지도 않았다. 당연히 책에 메모한다는 생각도 못했다. 그렇게 책을 끝까지 읽었다. 책을 읽는 동안 '강연을 잘하는 사람이구나, 이 작가님한테 강연 코칭을 받아볼까?'라는 생각이 들었다. 근데 신기하게도 책의 프로필에 작가의 연락처가 있었다. 그래서 연락을 했다. 어떻게 연락은 했지만 실제 코칭까지 받지는 않았다.

이때까지만 해도 나는 메모하면서 책을 읽지 않았다. 책을 읽는 법을 잘 몰랐던 것이다. 책 읽는 방법을 제대로 모르니 당연히 책을 내 것으로 만들지 못했다. 그저 책에 있는 문자를 읽기만 한 것이다. 책에 메모를 하지 않으면 생각도 나지 않는다. 메모를 해야 꼬리에 꼬리를 무는 질문이 생각난다. 내가 만약 다시 이 책을 읽는다면 눈으로만 읽지는 않을 것이다. 계속 메모하면서 읽을 것이다.

'강의는 어떻게 해야 잘하는 것일까?', '작가가 말하는 기술만 따라하면 잘하는 것일까?' '내가 강연할 때 나의 청중들은 나에게 무엇을 기대할까?' '나만의 차별화된 강의는 어떻게 해야 할까?' 책을 읽고 작가에게 물어보듯 질문들을 책에 메모했을 것이다. 그리고 당시에 들었던 나의 생각이나 느낌을 책의 빈 공간에 적을 것이다. 그렇게 메모를 하며 읽을 때 내가 읽은 책이 내 것이 된다. 2019년 3월이었다. 나는 메모의 중요성을 알게 되었다. 그리고 책을 읽을 때마다 항상 펜을 가지고 다닌다. 그리고 책에 반드시 메모를 한다.

메모로 삶이 바뀌다

나는 매일 아침 일어나자마자 읽는 책이 있다. 딱 한 꼭지씩만 읽고 그에 대한 나의 생각을 책에 메모한다. 그 책은 바로 김태광 작가의 『김태광, 나만의 생각』이다. 원고를 쓰고 있는 오늘 아침에도 이 책을 읽고 30페이지에 메모를 했다. 그리고 나의 생각을 적었다. 메모를 하면서 나의 생각을 정리하는 것이다. 정해진 양식은 없다. 그저 책의 빈 공간에 자유롭게 메모하면 된다.

실수와 관련된 내용이었다. 책에 이렇게 적었다. "나에게 너무 박했던 시절이 있었습니다. 간혹 실수를 하면 나 자신을 질책했습니다. 나 스스로 나를 한심하게 생각했습니다. 그리고 필요 이상으로 좌절하고 낙담하기도 했습니다. 나를 질타하고 혼내기만 하는 존재로 몰아붙인 것입니다. 그런데 이제는 나 자신에게 용기를 줍니다. 할 수 있다는 용기와 희망을 주어야 합니다. 나 자신은 질타하고 혼내는 존재가 아닙니다. 나라는 사람은 스스로에게 용기와 희망을 주어야 하는 존재입니다."

내가 메모하지 않고 읽었다면 과연 이런 생각을 할 수 있었을까? 스스로 긍정적인 에너지를 주는 존재가 될 수 있었을까? 자신 있게 아니라고 말한다. 여태까지 메모하지 않고 책을 읽은 기간이 오래되었기 때문에 나는 나를 잘 안다. 아마 메모하지 않고 눈으로 읽기만 했다면 그냥 아무 생각 없이 넘어갔을 것이다. 생각을 조금 했다고 치더라도 그냥 '실수하면 안 되겠다.' 하고 지나갔을 것이다.

이 책을 쓰면서 다양한 독서법 관련된 책에 대해 읽고 있다. 항상 펜을 들고 메모할 준비를 하고 있다. 최근 이토 마코토의 『꿈을 이루는 독서법』이라는 책을 읽고 있다. 이 작가의 독서법도 훌륭하지만 나는 그대로 따라 하지 않는다. 나에 맞는 독서법으로 적용해서 읽는다. 이 책에서는 독서법에 관련해서 여러 가지 기술을 알려준다. 그중 특히 와닿았던 부분은 책의 모서리를 접는 부분이다. 나는 이 책을 통해 독서할 때 모서리를 접는 방법을 벤치마킹했다.

평소 책을 읽을 때 다시 볼 만한 부분을 나는 모서리 위아래 상관없이 접었다. 그저 손 가는 대로 접었다. 그런데 이 책에서는 모서리 접는 것도 위와 아래를 접는 두 가지 방법으로 나누고 있다. 공감하고 긍정하는 페이지는 위의 모서리를 접는다는 것이다. 그리고 반대의견을 가지는 내용은 아래 모서리를 접는다고 한다. 이 책의 이 부분을 읽고 나는 무릎을 탁 쳤다. 그동안 구분 없이 위아래 아무렇게나 접었는데 앞으로는 독서할 때 모서리 부분을 접는 것도 구분을 해서 접어봐야겠다고 생각했다.

당시 책에 내가 이렇게 적었다. "모서리를 접는 방법은 나도 이미 사용하고 있었다. 하지만 이렇게 구분해서 적용해야 하는 줄은 생각하지 못했다. 긍정하는 부분은 위의 모서리를 접는다. 부정하는 부분은 아래 모서리를 접는다. 아주 좋은 방법이다. 나중에 책을 다시 볼 때 아래 모서리가 접힌 부분만 따로 찾아보기 매우 쉬울 것이다. 오늘부터 독서할 때 반드시 적용해야 할 구절이다."

이 책을 읽는 당신은 어떻게 책을 읽는가? 혹시 깨끗하게 책을 보고 있지는 않는가? 깨끗하게 읽은 책은 깨끗하게 잊어버린다. 시간 낭비, 돈 낭비다. 어떻게 하면 오랫동안 기억에 남는 독서를 할 수 있을까? 어떻게 하면 내 삶에 적용 가능한 독서를 할 수 있을까? 지금 당장 책의 빈 공간에 메모를 해보자. 독서에 메모를 더했을 뿐인데 진짜 삶이 바뀐다.

07

독서 후 30분 사색에 빠져라

"읽기만 하고 생각하지 않는 것은 신을 신은 채 가려운 데를 긁는 것과 같다."
- 중국 속담

책의 저자를 따라만 가는 독서

책을 읽고 사색하는 것이 도움이 될까? 사색하는 시간에 차라리 책을 읽는 것이 낫지 않을까? 대부분의 사람은 단순히 책을 읽기만 한다. 그래서 책을 읽고 난 뒤 사색을 하지 않는다. 나 역시 책을 읽기만 했지 2019년 2월까지는 사색을 하지 않았다. 사실 사색을 해야 된다고 여러 책에서 읽었다. 사색의 중요성을 머리로는 알고 있었다. 대부분의 유명한 독서법에서 사색을 해야 된다고 말한다. 하지만 나는 글로만 사색의 중요성을 알고 있었을 뿐, 직접 실천하지는 않았다.

여태까지 나는 꽤 많은 책을 읽었다. 나의 방 책장에는 약 800-900여

권의 책이 있다. 일반 사람이 이 정도의 책을 읽었다면 삶이 바뀔 법도 하다. 하지만 이렇게 많은 책을 읽고도 전혀 나의 삶은 바뀌지 않았다. 책을 여러 번 읽었지만 내 삶을 바꿀 수는 없었다. 2012년 어느 봄, 나는 이지성 작가의 『18시간 몰입의 법칙』을 읽었다. 당시 엄청나게 감명 깊게 읽은 책이다. 책을 읽고 18시간의 노력을 해야겠다고 생각했다. 그리고 나의 꿈을 적고 무작정 책을 읽기 시작했다. 나의 삶이 비약적으로 바뀔 것이라고 기대했지만 여전히 나는 제자리걸음을 하고 있었다.

무엇이 문제였을까? 밑줄도 그으면서 읽었다. 나의 꿈도 적었다. 지금 다시 펼쳐보니 책에 메모도 했다. 빈 곳에 나의 생각을 적고 느낀 점을 적었다. 형광펜으로 곳곳에 표시되어 있고 다짐도 곳곳에 적혀 있었다. 중요한 부분에는 별표도 되어 있다. 몇 번이나 다시 읽었는지 모른다. 중요한 부분은 계속해서 몇 번이고 별표를 치며 읽었다. 심지어 모서리도 중요한 부분은 접혀 있었다. 하지만 알 수 없었다. 왜 나는 변하지 않았을까?

여러 독서법에서 말하는 방법대로 책을 읽었지만 내 삶에 극적인 변화는 없다. 지금 와서 생각해보면 단 하나 안 한 것이 있었다. 그것은 사색이다. 당시 사색을 했다면 어땠을까? 단순히 밑줄을 긋고 책을 읽는 차원을 넘었을 것이다. 사색을 통해 한 단계 더 높은 독서를 완성해야 했다. 네이버 어학사전에 따르면 '사색'은 이런 뜻을 가지고 있다. '어떤 것에 대하여 깊이 생각하고 이치를 따짐.' 지금 사색의 중요성을 알고 있는 내가 『18시간 몰입의 법칙』을 읽었다면 분명 이런 사색을 했을 것이다.

'왜 18시간인가?' '몰입이란 무엇인가?' '꼭 18시간이어야 하는가?' '18시간 동안 몰입하기 위해서 나는 무엇을 해야 하는가?' '나의 삶에 18시간 몰입할 만한 꿈은 있는가?' '나의 꿈은 무엇인가?' '지금 나의 꿈을 이루기 위해 어떤 노력을 할 수 있는가?' '지금 하고 있는 일이 나의 꿈에 부합하는가?' 이렇게 사색은 여러 가지 질문을 통해 가능하다.

이치를 따지며 계속해서 질문해야 한다. 이에 대한 답이 정답이냐, 아니냐는 중요하지 않다. 질문에 대한 나의 답을 내고 행동해야 한다. 내가 내린 답이 다르다고 생각하면 지속적으로 사색을 해서 다른 방법으로 행동하면 된다. 이렇게 치열하게 질문할 때 책을 통해 내 삶의 혁명을 맞이할 수 있다.

요즘 책을 쓰면서 전에 없던 노력을 하고 있다. 내 인생을 통틀어 내가 감동할 만한 노력을 한 적이 딱 2번 있다. 내가 '다시 그때로 돌아가도 그만큼 노력할 수 있을까?' 싶은 기간이다. 첫 번째는 고3 시절 대학 입학 때 했던 노력이다. 2006년이었다. 나는 눈 뜨는 순간부터 눈 감는 순간까지 공부를 했다. 나의 꿈인 연세대에 입학하기 위해서였다. 화장실에서도 공부를 했다. 두 번째는 2013-2014년의 일이다. 군대에서 취업을 준비할 때다. 이때는 더 독하게 했다. 군 생활을 하면서 피곤하지만 매일 새벽 4시에 일어나서 취업 준비를 했다. 그리고 6시에 퇴근하면 각종 술자리를 멀리하고 오로지 취업을 준비했다.

그때의 노력만큼 아니 그때보다 더 노력하는 요즘이다. 나는 독서법 관련 책을 쓰고 있다. 과거 2번의 경험은 나의 스펙을 쌓기 위한 노력이었지만 지금 하는 노력은 나의 인생과 꿈을 위한 노력이다. 노력의 질과 양이 다르다. 독서법 관련된 책을 쓰는 나는 이제 과거처럼 책을 읽기만 하지 않는다. 2019년 3월 이후 나는 반드시 독서 이후에 사색을 한다.

저자와 대화하는 독서

나는 다시금 잠자고 있던 내 안의 열정을 불태우기 위해 책을 읽었다. 김태광 작가의 『천재작가 김태광의 36세 억대 수입의 비결, 새벽에 있다』라는 책이다. 새벽이라는 키워드에 꽂혔다. 나는 나에게 필요한 부분을 골라서 읽고 사색했다. '새벽이 정말 중요할까?' '새벽이라 하면 몇 시일까?' '나에게 적합한 새벽이란 몇 시일까?' '당장 내 삶에 적용 가능한 새벽의 활동은 무엇이 있을까?' '새벽 활동을 위해서 몇 시에 자는 게 적절할까?'

그리고 나름의 답을 내렸다. 새벽 활동이 성공의 비결이다. 새벽에는 아무런 방해를 받지 않고 깊은 사색을 할 수 있다. 나에게 맞는 새벽은 5시 30분이다. 새벽에 일어나자마자 간단히 책을 읽어야 한다. 의식을 확장하는 독서를 한 뒤에 원고를 써야 한다. 그 후로 꾸준히 새벽 5시 30분에 일어나고 있다. 중간에 감기 기운이 있어 조금 늦게 일어난 적도 있지만 기본 원칙은 새벽 5시 30분에 일어나서 독서를 하고 원고를 쓰는 것이다.

내가 여전히 독서 후에 사색을 하지 않았다면 어떻게 되었을까? 새벽의 열정을 불러일으켜서 5시 30분에 일어나서 책 원고를 쓸 수 있었을까? 결단코 아니라고 할 수 있다. 아마 이런 책을 읽고도 그냥 넘어갔을 것이다. '새벽에 일어나면 얼마나 피곤한데 그냥 평소처럼 6−7시에 일어나야지.'라거나 '새벽에 일어나서 더 피곤하면 어떻게 해. 그냥 퇴근하고 모든 일을 다 해야지.'라고 생각했을지 모른다. 독서 후 사색이 나의 삶을 조금씩 바꾸고 있다. 책을 읽고 사색을 통해 나름의 답을 내렸다. 그리고 행동하고 있다.

독서법 관련 책을 쓰면서 나는 여러 독서를 병행한다. 그중 하나가 브렌든 버처드의 『백만장자 메신저』라는 책이다. 이 책은 말한다. 우리의 경험과 깨달음 그리고 원리와 비법 등이 돈이 된다고. 이 책은 384페이지로 상당히 양이 많다. 나는 처음부터 끝까지 읽지는 않았다. 목차를 펴고 내가 지금 필요한 부분만 골라서 봤다. 4장에서 말하겠지만 이것을 발췌독이라고 한다. 그래서 나는 가장 궁금한 부분인 3장만 읽었다. 3장 제목은 '어떻게 비즈니스 모델을 구축하는가'이다.

이 책을 읽고 나는 눈을 지그시 감고 사색을 했다. 여러 가지 질문이 떠올랐다. '내 책의 독자는 누구인가?' '그들의 니즈는 무엇인가?' '나는 어떻게 그들의 니즈를 채워줄 수 있을까?' '수많은 독서법 작가 중에 나만의 차별화된 포인트는 무엇인가?' '독서법을 통해 나는 어떤 비전과 가치를 제시할 수 있는가?' '나의 경쟁자들은 누구인가?' '독서법 경쟁자들은 어떤 가치와 기치를 걸고 있는가?' 여러 질문이 떠올랐다. 당장 답을 낸 것도 있다. 하지만 대부분 지금 당장 답을 낼 수 없는 것이다. 꾸준히 책을 집필하면서 수정해야 할 답들도 있다. 하지만 나는 믿는다. 나만의 확고한 답을 찾을 것이라고.

내가 사색을 하지 않았다면 과연 이런 질문을 할 수 있었을까? 그에 대한 나만의 답을 낼 수 있었을까? 몇 번을 물어봐도 같은 답을 할 것이다. 사색하지 않았다면 결코 이런 질문을 하지 못했을 것이다. 질문은 행동을 낳는다. 그 행동이 나의 삶을 변화시킨다. 혹시 독서를 하고도 여전히 삶이 제자리걸음인 분들이 있다면 사색을 해보자. 독서 후 30분만 사색을 해보자. 사색의 중요성을 관자의 명언으로 마무리하고 싶다.

"사색은 지혜를 낳는다."

독서를 위한 정소장의 시간 관리 전략
07 - 나는 방과 후 시간 30분 활용으로 부족한 점을 채웠다

오후 수업 종료 후에 방과 후 시간이 있다. 학교마다 다르지만 나의 경우 30분이었다. 이때도 선생님들께 질문을 했다. 공부하다 보면 모르는 것들이 분명히 생긴다. 문제를 풀어도 왜 정답인지, 정답이 아닌지 알아야 한다. 주요 과목인 국어, 영어, 수학, 과학은 특히 모르는 문제가 많았다. 그래서 나는 방과 후 시간인 30분을 이렇게 활용했다. 바로 교무실로 찾아가서 선생님들께 질문하는 것이다. 쉬는 시간 10분보다 시간이 많기 때문에 심도 있는 질문을 할 수 있다. 그래서 나는 이 시간에는 단순한 질문보다는 복잡한 질문을 했다. 과목별로 문제를 풀다 보면 2-3번 보면 풀리는 문제들이 있다. 그런데 반대로 2-3번 다시 봐도 절대 안 풀리는 문제가 있다.

그런 난제들만 이 시간에 들고 가서 선생님들께 질문했다. 이 방법도 마찬가지로 선생님들이 좋아하신다. 누가 학교 선생님들에게 질문할까? 질문하면 대부분의 선생님은 좋아하신다. 기특해하신다. 하나라도 더 알려주고 싶어 하신다. 그렇게 내신도 수능도 이 시간을 활용해서 두 마리 토끼 모두 잡을 수 있다.

08

책을 쓰겠다는 생각으로 읽어라

"당신이 하기를 원하고 하려고 하는 의지가 있고 오랫동안
충분히 노력한다면 그 일은 날마다 조금씩 함으로써 반드시 성취해 낼 수 있다."
– 밥 딜런

독자로만 살던 과거

2014년 8월 나는 직장인이 되었다. 대부분의 신입사원이 그러하듯 나
역시 입사 후에 바로 일을 하지는 않았다. 신입사원들은 입사 후 몇 개월
은 회사의 입문 교육을 받아야 한다. 당시 신입사원이었을 때 정말 일을
잘하고 싶었다. 아직 일을 시작하지도 않았지만 일을 잘하고 싶었다. 심
지어 과거 교육 받을 때 일기장을 보면 내가 이렇게 적었다. 사장이 되어
서 21세기 IT기업을 이끄는 리더가 되겠다고. 상당히 의욕이 앞섰던 나
는 직장인으로서 성공한 이야기를 담은 책들을 읽기 시작했다.

책에서도 그렇고 실제로 사장님들은 이런 말을 많이 한다. '사장처럼
일해라.' '내 회사처럼 일해라.' '주인의식을 갖고 일해라.' '베이비시터처

럼 일하지 마라.' 이 말들의 의미는 능동적으로 일하라는 것이다. 주인처럼 일한다는 것은 어떻게 일을 하는 것일까? 회사에서 시키는 일만 하지 않게 된다. 시키는 일은 당연히 잘해내려 한다. 그리고 시키지 않은 일도 능동적으로 찾아서 하게 된다. 업무를 할 때 나의 의견을 더해서 개선점을 찾아낸다. 그 끝은 예전에 없던 일을 기획해서 하게 된다. 정말 혁신적인 일을 하는 것이다. 기본적으로 일을 할 때 관점이 달라진다. 관점이 달라지면 행동이 달라진다.

그럼 책을 읽을 때 이 책의 주인처럼 한다면 어떻게 할까? 장점과 단점을 분석하고 '내가 이 책의 저자라면'이라는 가정을 하게 된다. 책을 바라보는 관점이 달라진다. 독자는 책을 그저 읽을 뿐이다. 하지만 저자가 되면 책의 제목부터 목차 그리고 내용까지 다른 관점으로 보게 된다. 수동적으로 받는 사람이 아니라 능동적으로 주는 사람의 입장이 되면 더 큰 것을 배우고 깨닫게 된다.

2005년의 일이다. 내가 고등학교 2학년 시절이었다. 다른 과목은 잘했는데 이상하게도 나는 미술 과목을 잘 못했다. 똑같은 암기인데도 미술 과목은 항상 점수가 제일 낮았다. 미술은 국영수 주요 과목에 비하면 중요한 과목은 아니다. 하지만 손을 놓을 수도 없는 일이었다. 어떡해서든 잘할 수 있는 방법을 찾아야 했다. 당시 항상 전교 1등을 하던 친구 D에게 물어봤다. D가 비밀이라며 알려줬다. 공부도 남을 가르쳐주는 선생님이 될 때 진정한 내 것이 된다고.

D는 말했다. 미술도 네가 미술선생님이라고 생각하고 수업 준비하듯이 해보라고, 학생들에게 가르쳐준다는 생각으로 공부해보라고 했다. 말로만 들어서는 잘 이해가 되지 않았지만 나는 시도해보기로 했다. 전교 1등의 말이니 맞겠거니 하고 들었다. 그리고 단순히 미술 과목을 암기하던 차원을 넘어 가르쳐주는 선생님의 입장이 되어보았다. 학생들을 가르쳐주듯이 공부했다. 실제로 가상의 인물을 세워놓고 수업을 진행해봤다. 수업을 진행해보니 외우지 않아도 자연스레 외우게 되었다.

공부의 경우만 해도 학생의 입장에서 선생님의 입장으로 바뀌면 배우고 깨닫는 것이 달라진다. 하물며 책을 읽기만 하는 독자에서 저자가 되겠다고 생각하고 읽으면 어떻게 읽을까? 무슨 생각을 하며 읽을까? 책을 읽을 때 단순히 지식을 받아들이는 것을 넘어선다. 독자를 넘어 저자의 관점으로 읽게 된다. 그리고 자연스럽게 질문을 하게 된다. '내가 저자라면 어떻게 썼을까?' '더 적절한 사례는 없을까?'

나 역시 여태까지 그저 독자로서 살아왔다. 독자로서 어떻게 하면 책을 잘 읽을지만 고민했다. 더 적합한 독서 전략은 없는지, 더 효율적으로 읽을 수 있는 방법은 없는지 말이다. 단순히 읽어야 한다는 틀 안에서만 생각을 했다. 즉, 그 책 안에서 생각이 멈춘다. 저자가 정한 틀 안에서 생각이 멈춘다. 단순히 책의 내용을 읽고 받아들이는 것이다. 아무리 사색을 통해 질문을 하더라도 한계가 있다. 딱 저자의 수준 안에서만 사고하게 된다.

독자에서 저자를 꿈꾸다

그러다가 2019년 3월부터 저자가 되기 위해 책의 원고를 쓰고 있다. 책을 쓰기 위해 내가 어떻게 변했을까? 먼저 책을 쓰기 위해 경쟁 도서 10권을 샀다. 그리고 책을 읽으면서 이 책의 장단점은 무엇인지, 참고할 만한 내용은 있는지 분석했다. 뿐만 아니라 일상생활도 달라졌다. 친구들과의 대화도 그냥 넘길 수 없다. 책의 일화로 들어갈 만한 것은 없는지 살펴보게 된다. 또한 여러 가지 비유를 들어 나의 생각을 더 쉽게 표현할 방법은 없는지 고민하게 된다.

나는 독자에서 저자가 되겠다는 생각으로 독서한다는 것을 이렇게 비유하고 싶다. 회사원이 사장이 되는 생각으로 일하는 것이라고. 회사원으로 일하면 단순히 담당하는 업무만 잘할 생각을 한다. 하지만 사장이 되면 상품 기획에서부터 개발 판매까지 전 영역에 대한 고민을 해야 한다. 종국에는 매출을 고민할 수밖에 없다. 매출은 고객에 대한 이해에서 나온다. 나의 고객이 누구인지 알아야 한다. 뿐만 아니라 나의 고객의 니즈가 무엇인지도 정확히 알아야 한다. 그리고 최적의 마케팅 방법을 동원해서 나의 가지와 제품을 팔아야 한다.

이렇게 독서하면 정말 독서의 관점이 바뀐다. 단순히 책을 읽고 받아들이는 입장에서 책을 쓰고 파는 입장이 되는 것이다. 단순히 관련 페이지뿐만 아니라 그 이상의 질문이 수도 없이 생긴다. '나라면 어떻게 썼을까?' '나와 생각이 다르다면 어떤 부분에서 다르게 생각한 것일까?' 페이지를 넘길수록 질문 투성이가 된다. 사고의 수준이 한 단계 높아지는 것이다. 그전에는 생각하지 못했던 질문을 하게 된다. 단순히 받아들이지 않고 원론적인 의문을 갖게 되는 것이다.

2019년 3월부터 나는 책을 쓰기 시작했다. 실제로 나는 책을 쓰면서 이전과 다른 독서를 한다. 일단 책을 1권만 읽지 않는다. 책을 쓰기 전에는 읽고 싶은 책 1권을 가지고 다녔다. 그 책 1권만 읽곤 했다. 그리고 언제 어디서든 그 책을 읽었다. 하지만 책을 쓰기 시작한 이후 나는 여러 가지 책을 가지고 다닌다. 독서법 관련된 책만 10권을 가지고 다닌다. 그리고 목차를 보면서 그때그때 참고할 만한 부분을 분석한다.

그저 독자의 입장에서 책을 보지 않는다. 어떻게 내 것으로 만들지를 고민한다. '내 책에 활용할 만한 부분은 없을까?' '내가 벤치마킹할 부분은 없을까?' '내가 배울 만한 부분은 없을까?' 실제로 하토야마 레히토의 『하버드 비즈니스 독서법』을 읽을 때 내가 했던 독서법은 이렇다.

책을 읽을 때는 항상 펜을 가지고 다닌다. 언제 어디서든 책에 메모하기 위해서다. 목차를 편다. 목차 중에서 내가 관심 있는 부분만 골라서 본다. '독서량보다 중요한 실천하는 양'이라고 적혀 있는 페이지로 간다. 그리고 목차에는 '적용'이라고 표시한다. 실제 책을 쓸 때 참고하기 위해서다. 이 책에서 '적용'이라고 적혀 있지 않은 페이지는 읽을 필요가 없는 부분이다. 이렇게 책을 쓰겠다는 마음으로 읽으면 책 읽는 방법 또한 달라진다.

공부를 할 때도 관점을 바꾸면 큰 차이가 생긴다. 학생의 입장에서 공부하는 것과 선생님의 입장에서 누구를 가르친다고 생각하는 것은 큰 차이가 있다. 모든 독서법을 시도해보고 나만의 독서법을 만들었는가? 그럼 이제 한 단계 높은 독서를 해보는 건 어떨까? 책 1권을 쓰겠다고 생각해보자. 독서의 관점이 달라질 것이다. 이제 독자를 넘어 저자의 관점으로 책을 읽어보자. 나의 독서력이 1단계 상승한 것을 느끼게 될 것이다.

4장

시간 없는 사람들을
위한 책 읽기 전략

01

눈길 가는 부분부터 읽는다

"시간을 지배할 줄 아는 사람은 인생을 지배할 줄 아는 사람이다."
— 에센 바흐

책의 처음부터 끝까지 순서대로 읽었던 나

책은 '무조건 목차 순서대로 읽어야 된다.'라고 생각한 적이 있다. 왜 그런 생각을 했을까? 교과서 공부의 영향을 받은 것이라고 생각한다. 우리는 교과서 공부를 할 때 항상 처음부터 배웠다. 국어든 영어든 수하이든 항상 첫 페이지부터 배워나갔다. 내 기억에 나는 단 한 번도 교과서를 중간부터 배운 적이 없다. 심지어 학원에서도 항상 책의 순서대로 배웠다. 교과서를 공부하는 것처럼 책을 읽는 것도 처음부터 읽어야 한다고 생각했었나 보다. 무의식적으로 학습된 결과다.

교과서를 공부하는 것과 책을 읽는 것은 그 목적이 다르다. 교과서는 내용을 암기해서 시험문제를 맞추는 데 그 목적이 있다. 하지만 책 읽기는 시험을 보지 않는다. 책을 암기할 필요가 없다. 책을 통해서 내가 원하는 것을 얻는 데 그 목적이 있다. 책 읽기의 목적은 정해져 있는 것이 아니다. 책 읽기의 목적도 내가 정하면 된다. 그래서 읽는 방법도 달라야 한다. 교과서는 처음부터 봐야 다음 단원들을 순차적으로 이해할 수 있다. 하지만 책 읽기는 처음부터 목차 순서대로 읽지 않아도 된다.

목차만 봐도 어떻게 책이 구성되어 있는지 알 수 있다. 소제목들을 보면 어떤 내용일지 가늠이 된다. 그렇기 때문에 소제목을 보고 읽고 싶은 부분을 읽으면 된다. 1장을 읽지 않았다고 2, 3, 4장을 못 읽는 것이 아니다. 4장을 보고 1장을 봐도 된다. 3장을 보고 5장을 봐도 된다. 전혀 상관없다. 하지만 나는 여전히 책을 처음부터 읽었다.

2019년 3월 말의 일이다. 주말 아침 일찍부터 책을 읽을 생각에 신이 났다. 집에서 읽으면 다시 누워서 잘 것 같은 생각이 들었다. 그래서 집 근처 스타벅스에 갔다. 스타벅스 개장 시간에 딱 맞춰 들어갔다. 아메리카노 1잔을 주문했다. 주말 아침의 여유로움을 느끼며 그 책을 가방에서 꺼냈다. 네빌 고다드의 『믿음으로 걸어라』는 책이었다. 인증샷을 남기기 위해 책과 커피를 사진으로 찍었다.

책을 보기 시작했다. 머리로는 책을 볼 때 처음부터 읽지 않아도 된다고 생각했다. 하지만 어느 순간 처음부터 읽고 있었다. 심지어 책의 서문도 봤다. 나는 머리로만 이해한 것이었다. 생각보다 습관의 힘은 무서웠다. 의식하지 않으니 무의식적으로 책을 읽었다. 목차 순서대로.

교과서는 순서대로 공부해야 다음 내용을 이해하도록 구성되어 있다. 그래서 처음부터 교과서를 봐야 한다. 하지만 책을 읽을 때는 목차를 보고 눈길 가는 부분부터 읽어도 된다. 책은 교과서처럼 구성되어 있지 않기 때문이다. 그럼에도 불구하고 나는 여전히 책의 첫 페이지부터 보고 있었다. 습관의 힘이란 무섭다. 아무리 머리로 인식해도 손과 눈은 첫 페이지부터 보고 있는 것이다. 과연 지금의 나는 이 똑같은 책을 본다면 어디서부터 읽을까? 지금 이 책의 원고를 쓰는 이 순간, 나는 『믿음으로 걸어라』의 목차를 본다. 눈길 가는 부분을 찾았다. 바로 '승리의 공식'이라는 소제목 부분이다. 이 부분을 읽어봐야겠다.

드디어 눈길 가는 곳부터 읽다

당시 나는 2권의 책을 가지고 커피숍으로 갔다. 다른 1권은 김태광 작가의 『천재작가 김태광의 36세 억대 수입의 비결, 새벽에 있다』라는 책이었다. 이 책을 읽을 때는 반드시 목차 순서대로 보지 않으려 했다. 속으로 몇 번이고 다짐했다. 그렇지 않았다면 난 또 처음부터 책을 봤을지도 모른다. 굳게 다짐하고 목차를 폈다. 그리고 눈길 가는 곳부터 읽었다.

정말 느낌 가는 대로 나는 목차를 봤다. 책의 3장이 나를 잡아당겼다. '인생을 세 배로 사는 사람들'이라는 제목의 장이었다. 이 부분은 새벽 시간을 지배한 사람들의 이야기일 것이라고 생각했다. 실제 사례를 보면서 더욱 동기부여받을 것 같은 생각이 들었다. 느낌 그대로 따랐다. 특히 여러 사례 중에 나는 (故) 정주영 회장의 사례를 보고 싶었다. 그래서 162페이지를 폈다. 실제 이야기 덕분인지 빠르게 읽을 수 있었다. 그리고 다른 몇몇 사례를 더 읽고 다시 목차를 폈다.

그리고 다음 끌리는 제목을 찾았다. 4장에서 나의 눈을 사로잡는 제목을 찾았다. '새벽형 인간의 복병, 졸음 처방전'이었다. 내가 제일 걱정하는 부분이기도 했다. 새벽에 일어나면 오후에 졸린 경우가 많았기 때문이다. 실제로 직장인이 된 이후 새벽 5시에 일어나서 회사에 출근하면 종종 겪었다. 바로 오후에 쏟아지는 졸음이었다. 나 혼자 졸린 것은 아니라는 공감을 하면서 해당 페이지로 가서 읽었다. 여러 사람의 졸음 퇴치법에 대해 읽을 수 있었다. 이렇게 이 책을 읽었다. 느낌 가는 대로 읽은 것이다. 이렇게 느낌 가는 대로 책을 읽어도 전혀 문제없는 독서법이라는 것을 느꼈다.

처음부터 책을 읽지 않고 목차를 펴고 느낌이 가는 부분부터 읽었다. 그래도 전혀 문제가 없었다. 사실 이렇게 읽어야 한다. 왜냐하면 우리에겐 시간이 없기 때문이다. 세상에 얼마나 많은 책들이 있는가? 전 세계로 따지면 훨씬 많을 것이다. 우리나라만 해도 셀 수 없을 정도로 많은 책들이 나온다. 처음부터 읽는 독서법으로는 한계가 있다.

나는 매일 저녁 10-12시 사이에 영상을 촬영한다. 그리고 유튜브에 업로드한다. 〈찡교TV〉라는 채널이다. 나는 책 읽어주는 직장인 컨셉으로 매일 촬영한다. 얼굴은 나오지 않고 목소리만 나온다. 나름 사람들이 목소리가 좋다고 칭찬해줬다. 또 신뢰 가는 목소리라며 응원해줬다. 이 채널에는 비하인드 스토리가 있다. 내가 유튜브를 시작할 수 있도록 도와준 분이 마케팅 여왕 〈한국SNS마케팅협회〉의 신상희 대표님이다.

처음에 나는 독서법에 대해서만 알려주는 유튜버로 활동하려 했다. 그러다가 대표님이 내가 녹음한 목소리를 들었다. 그리고 책 읽어주는 컨셉으로 가도 괜찮을 것 같다고 조언해줬다. 내가 들어봐도 괜찮았다. 그 뒤로 나는 책 읽어주는 직장인 컨셉으로 유튜버 생활을 하고 있다. 때로는 공감과 위로를 주고 때로는 동기부여해주기도 한다. 가끔 독서법 관련된 이야기도 한다. 채널이 궁금하면 유튜브에 〈찡교TV〉를 검색해서 구독해보라.

위에 말한 것처럼 나는 매일 밤 3-5분 책을 읽어주고 영상을 업로드한다. 어제까지는 그레 작가님의 『내 감정의 주인으로 사는 법』을 읽어줬다. 3장 2꼭지 '부정적인 사람들은 과감하게 차단할 것', 149페이지를 읽었다. 해당 영상은 그레 작가님이 블로그와 까페에 퍼가서 회원들에게 들려줬다고 한다. 그리고 회원들은 내용도 좋은데 신뢰 가는 목소리라며 좋아했다고 했다. 나는 한동안 꾸준히 책 읽어주는 직장인 컨셉으로 영상을 올릴 예정이다.

이제 나는 책을 읽을 때 절대 목차 순서대로 처음부터 읽지 않는다. 목차를 편다. 그리고 느낌 가는 대로 읽는다. 처음엔 다 안 읽어도 되나 싶다. 하지만 몇 번 해보면 이것이 진정한 직장인을 위한 책 읽기 기술이라는 것을 알게 된다. 직장인들은 시간이 없다. 언제까지 처음부터 책을 읽을 것인가? 이제는 목차를 펴고 느낌 가는 대로 읽자. 그렇게 읽어도 된다.

02

소제목을 골라서 필요한 부분만 읽는다

"인간은 항상 시간이 모자란다고 불평하면서,
실제로는 마치 시간이 무한정 있는 것처럼 행동한다."
– 세네카

책의 가장 중요한 부분은 결론이다

한때 군대에서 '뽀글이'라는 라면이 유행했다. 뽀글이 라면을 모르는 사람도 있을 것이다. 뽀글이 라면이란 라면 봉지에 뜨거운 물을 부어서 만들어 먹는 라면을 말한다. 군대에서 라면을 끓여먹을 냄비가 없을 때 뽀글이 라면을 해먹는다. 혹은 이것저것 준비할 시간이 없을 때 시간을 아끼기 위해서 뽀글이 라면을 먹기도 한다.

뽀글이 라면은 라면 봉지에 해먹는 방법이다. 그래서 건강에는 매우 안 좋다. 내가 말하는 포인트는 시간적 측면에서 뽀글이 라면을 해먹는 것이다. 원래 라면을 먹을 때 냄비에 물을 끓여서 조리해 먹는다. 시간이 많이 걸린다. 그런데 시간이 없으면 뽀글이 라면 먹는 것처럼 그냥 봉지에 물만 부어서 먹어도 된다. 그런데 책 읽기에도 뽀글이 라면 먹는 것과 비슷한 책 읽기 기술이 있다. 나는 같은 시간에 최대한 필요한 부분만 읽기 위해 뽀글이 라면 먹는 것처럼 책을 읽기도 했다.

2019년 2월말의 일이다. 나는 교보문고에서 김태광 작가의 책을 몇 권 샀다. 그중에 『1년에 10권도 읽지 않던 김대리는 어떻게 1개월 만에 작가가 됐을까』라는 책을 읽었다. 이 책의 목차를 폈다. 그리고 5장을 봤다. '당신이 지금 당장 책을 써야 하는 이유'를 처음으로 봤다. 도대체 왜 책을 써야 되는지 궁금했기 때문이다. 그래서 295페이지로 갔다. 그리고 나는 꼭지별로 마지막 1-2단락만 읽었다. 읽는 데 약 5분 정도의 시간도 안 걸렸다. 왜냐하면 결론만 읽었기 때문이다.

결론만 읽어도 내가 원하고자 하는 바를 충분히 얻을 수 있다. 그래서 나는 왜 책을 써야 하는지 알게 되었다. 자존감을 향상시킬 수 있다. 가족들에게 인정도 받을 수 있다. 그리고 꿈과 소망을 빨리 실현할 수 있다. 평생 직업까지 가질 수 있다. 게다가 사람들에게 존경도 받는다.

이것이 바로 필요한 부분만 읽는 기술이다. 책의 결론만 읽어도 충분히 저자가 하고자 하는 말을 알 수 있다. 사실 결론은 소제목을 문단으로 정리해놓은 것이라고도 할 수 있다. 그래서 정말 시간이 없다면 목차의 해당 장에 소제목들만 읽어도 된다.

나는 인스타그램을 하지 않았다. 그러다가 2019년 3월 말에 인스타그램을 시작했다. 이유는 신상희 작가의 『잠재고객을 사로잡는 인스타그램 마케팅』을 읽고 나서다. 책을 읽어보니 왜 인스타그램을 해야 되는지 알 수 있었다. 그리고 인스타그램에 가입하고 시작했다. 그런데 정확히 어떻게 해야 되는지 몰랐다. 이것저것 보다 보니 대충 알게 되었다. '인스타는 사진을 올리고 글을 쓰는 것이구나. 그리고 해시태그라는 기능이 있구나.'

나도 SNS를 전혀 모르지는 않았다. 페이스북을 해봤던 터라 대충 인터페이스만 봐도 어떻게 하는지 알 수 있었다. 그런데 궁금한 점이 생겼다. 바로 해시태그를 어떻게 하는 건지 궁금했다. 그래서 책을 다시 폈다. 필요한 부분만 찾아서 읽었다. 목차를 보니 3장이 '마케팅 여왕이 전하는 해시태그 활용 방법과 좋아요 늘리는 방법'에 해시태그 관련 소제목이 많았다. 그래서 해시태그가 들어간 부분을 모두 읽었다.

127페이지 '해시태그, 넌 누구니?', 132페이지 '해시태그로 매력적인 프로필 만들기', 138페이지 '해시태그로 연관 검색어 활용하기', 142페이지 '개성 있는 해시태그로 팔로워 확보하기', 154페이지 '분야에 맞는 해시태그 만들기.' 이렇게 해시태그 관련된 소제목을 모두 읽었다. 필요한 부분만 다시 읽은 것이다. 이때 나는 해시태그 전반에 대해 알고 싶었다. 그래서 마지막 부분 결론만 보지 않았다. 전체 소제목을 봤다.

이렇게 관련된 소제목들을 읽고 해시태그를 시도해봤다. 게시하는 나의 입장에서만 써봤다. 처음에 시작할 때는 다 나의 관점에서 해시태그를 달았다. 그러다 보니 다른 사람들도 잘 찾아오지 않았다. 나의 팔로워들만 내 사진에 '좋아요'를 누르거나 댓글을 달았다. 그런데 고객의 관점에서 해시태그를 달았다. 그러다 보니 나를 전혀 모르는 사람도 타고 들어와서 댓글을 남기는 것을 보게 되었다. 참 신기했다. 이렇게 책을 읽을 때 필요한 부분을 보고 적용했다. 그리고 바로 결과를 냈다.

필요한 부분만 읽어도 된다

그리고 나는 유튜브도 시작했다. 유튜브라면 창의적인 컨텐츠를 어디서 가지고 올지 항상 고민한다. 그래서 나는 김도사, 신상희 작가의 『역대 연봉 유튜브 크리에이터 되는 법』이라는 책을 읽었다. 그곳에서 목차를 펴고 내가 필요한 부분을 찾았다. 바로 2장 '취미를 창의적 콘텐츠로 개발하라'의 2번째 소제목이다. '창의적인 콘텐츠는 어디에서 나올까?' 69페이지로 가서 읽었다.

해당 내용을 읽어보니 내가 잘하고 좋아하는 것, 나의 모든 것이 창의적인 콘텐츠가 될 수 있는 것이었다. 그래서 나는 독서법 관련 책을 쓰고 있기 때문에 독서 관련된 콘텐츠를 생각했다. 사실 독서법이라고 하면 대부분 관심이 많지는 않았다. 그래서 나는 어떻게 하면 사람마다 독서법이 달라야 한다는 것을 쉽게 설명할 수 있을지 고민했다. 어느 주말 아침이었다. 나는 집 앞 편의점에 가서 라면과 김밥을 먹었다. 그러다 문득 생각났다. 라면 조리법과 독서법으로 콘텐츠를 만들면 되겠구나 싶었다.

그래서 라면 몇 개를 사서 집에 왔다. 신라면 봉지라면, 신라면 컵라면, 짜파게티 컵라면, 불닭볶음면 컵라면으로 4개를 샀다. 그리고 라면 조리법과 독서법의 공통점에 대해 콘텐츠를 찍고 업로드 했다. 내용은 이렇다. 우리가 라면을 먹어도 라면의 종류에 따라 조리법이 달라진다. 신라면, 불닭볶음면, 짜파게티 모두 조리법이 다르다. 신라면은 그냥 뜨거운 물을 부어서 먹는다. 불닭볶음면은 물에 면을 불렸다가 물을 빼고 먹는다. 짜파게티는 사람에 따라 물을 많이 해서 먹기도 하고 빼서 먹기도 한다.

뿐만 아니라 같은 신라면이라도 컵라면인지 봉지라면인지에 따라 조리법이 달라진다. 컵라면은 그냥 물만 부으면 된다. 하지만 봉지라면은 냄비에 물을 끓이고 라면을 넣어서 만들어 먹어야 한다. 게다가 개인의 취향에 따라 같은 라면이라도 다르게 먹는다. 같은 신라면도 누구는 그냥 물에 끓여먹는다. 누구는 냉라면으로 해 먹는다. 누구는 볶음라면으로 해 먹기도 한다. 이렇게 라면도 종류와 용도와 개인의 취향에 따라 조리법이 다르다고 했다. 그리고 독서법도 마찬가지로 종류와 목적, 개인의 취향에 따라 다르게 읽어야 한다고 했다. 최근 올린 몇 개의 영상 중 개인적으로 가장 창의적인 콘텐츠였다.

해당 영상을 보고 싶다면 유튜브에 '독서법, 라면 조리법에 비유'로 검색해서 보길 바란다. 나름 재밌게 찍었다. 〈크루즈TV〉의 권마담님은 이렇게 댓글을 달았다. "대박ㅎㅎ 엄청납니다ㅎㅎ 목소리대박 비유대박ㅎ 다대박♡♡♡." 그리고 qw er님은 이렇게 댓글을 달았다. "대박….너무 매력적이심 찡교님 얼굴까지 보니까 넘 좋아요 게다가 멋진 목소리:) 또 독서법 지혜까지! 짱이에요 완전 팬입니다!!!"

우리 직장인들은 시간이 없다. 언제나 서문부터 맺음말까지 읽을 수는 없다. 책을 읽을 때는 정말 필요한 부분만 읽어도 된다. 때에 따라 소제목의 결론 부분만 읽어도 전체 내용을 알 수 있다. 그리고 목차를 보고 필요한 부분만 찾아서 읽어도 된다. 바쁜 직장인들에게 무조건 추천한다. 목차를 펴고 소제목을 고르자. 그리고 필요한 부분만 읽자. 그렇게 책을 읽어도 충분하다.

독서를 위한 정소장의 시간 관리 전략
08 - 시간 부족한 고3 시절, 필요한 부분만 골라 집중 암기했다

고3 시절에는 시간이 정말 모자라다. 그렇기 때문에 아침에 일어나서부터 등교 전까지의 시간 관리에 엄청 노력을 기울였다. 나는 매일 아침 5시에 일어났다. 화장실에 갔다. 그리고 이를 닦았다. 이 닦는 시간에도 공부를 했다. 화장실 벽면에 포스트잇을 붙였다. 한쪽에는 필수로 외워야 할 수학 공식을 붙였다. 다른 쪽 면에는 영어 지문 속에서 몰랐던 영어 단어를 적었다. 그리고 다른 쪽에는 지구과학과 화학 과목의 공식이나 외워야 할 것들을 포스트잇으로 붙여놨다. 그리고 이를 닦는 3분 내외의 시간에 쭈욱 보면서 외웠다. 1주일동안 외우면서 다 외운 건 포스트잇을 떼어버렸다. 그리고 계속 공부하면서 외워야 하는 것들을 지속적으로 붙였다.

그리고 밥은 어머님께 말씀드려 김밥만 먹었다. 아침 5시 30분 마을버스를 타러 갈 때 길가에서 김밥을 먹었다. 새벽이라 눈치 볼 필요도 없었다. 버스에서는 무조건 영어 듣기를 했다. MP3로 들으면서 버스에서의 시간을 활용했다. 그렇게 학교에 도착하면 대략 6시 30분 정도가 되었다. 8시까지 무조건 영어 모의고사를 1개씩 풀었다. 당시 나는 영어 과목이 부진해서 아침에는 무조건 영어 공부를 한 것이다.

03

가방에 항상 2권의 책을 가지고 다닌다

"한 문장이라도 매일 조금씩 읽기로 결심하라.
하루 15분씩 시간을 내면 연말에는 변화가 느껴질 것이다."
— 호러스맨

우리의 집중력은 8초다

보통 사람들의 집중력은 얼마 정도일까? 인터넷 강의를 보니 한 30분 정도는 되지 않을까? 누구는 일상생활을 살펴보면 30분은 말도 안 되는 이야기라고 한다. 유튜브 영상도 우리는 10분 정도 이내여야 본다. 10분 이상인 동영상을 본다는 것은 정말 관심 있는 분야라는 것이다. 그럼 평소 생활을 살펴봤을 때 한 5분 정도 될까? 3분 정도?

YTN 〈생활의 정석〉의 '집중력 높이는 방법은?' 편을 보고 나는 충격을 받았다. 요즘 사람들의 집중력은 평균적으로 8초라고 한다. 8초라고? 기가 찬다. 이 원고를 쓰는 순간에도 웃겨서 말이 안 나온다. 특히 요즘 사람들은 스마트폰 때문에 집중력이 예전에 비해 훨씬 더 많이 줄어들었다고 한다. 금붕어가 9초라는데…. 우리는 이제 속된 말로 기억력이나 집중력이 짧은 친구들을 놀리지 못한다. 금붕어 대가리라고 놀리지 못한다. 평균적으로 사람의 집중력이 금붕어의 집중력보다 1초나 짧다.

물론 어떤 대상에 집중하느냐에 따라 달라지겠지만 그만큼 사람의 집중력은 짧다는 이야기다. 당연히 몰입할 때는 30분이고 1시간이고 시간 가는 줄 모른다. 그런 경험 다들 한 번쯤 있지 않은가? 웹툰을 보다 보니 어느새 30분이 흘러가 있다. 게임을 하다 보면 1시간, 2시간은 눈 깜짝할 사이에 지나간다. 나 역시 집중력이 대단하지 않다. 그래서 요즘에는 항상 가방에 책을 2권씩 가지고 다닌다. 하지만 예전에는 1권씩 가지고 다니기도 했다. 무거워서 그랬을까? 그건 아닐 것이다. 아마 1권 가지고 다녀도 다 못 읽는데 2권을 가지고 다닐 필요를 못 느꼈기 때문이다.

이 책의 원고를 쓰기 시작하면서 가방에 1권의 책을 가지고 다녔다. 바로 도이 에이지 작가의 『그들은 책 어디에 밑줄을 긋는가』이다. 책 읽을 시간을 무한정 낼 수 없는 직장인인지라 나 역시 출퇴근 자투리 시간을 활용했다. 출근 셔틀에서 30분, 퇴근 셔틀에서 30분 정도 읽었다. 당연히 나는 30분 정도면 1권의 책을 꾸준히 읽을 것이라고 생각했다.

이 책의 초고를 쓸 때 나는 목차를 출력해서 항상 가지고 다녔다. 그리고 독서법 관련된 책을 읽을 때마다 목차를 보면서 읽었다. 왜냐하면 내가 쓸 목차 중 하나의 꼭지에 참고할 만한 부분을 메모하기 위해서였다. 나는 1장 '독서에 대한 오해와 진실'에서 '필요한 하나를 얻으면 다 버려도 괜찮다'를 읽었다. 그리고 2장 '빨리 읽지 말고 천천히 읽어라'에서는 '빨리, 많이 읽어야 한다는 강박의 함정'을 읽었다. 또한 5장 '같음을 따르지 말고 다름을 만들자'에서는 '책에서 읽은 내용을 현실에 접목하기' 부분을 읽었다.

그런데 30분 동안 1권의 책만 읽어도 충분하겠다는 내 생각과는 달랐다. 위에 말한 3개 꼭지만 읽었는데도 좀 지루함을 느낀 것이다. 그리고 당시 기준으로 나의 원고에 참고할 만한 부분이 없었다. 그래서 나는 책을 덮었다. 나는 스마트폰을 하기 시작했다. 인스타도 들어가고 네이버 카페도 들어갔다. 순식간에 책을 읽다가 다른 것을 하는 것이었다.

그런데 생각해보면 이상한 일도 아니다. 서론에 말한 것처럼 우리는 집중력이 짧아서 한 가지 일을 오랫동안 하려면 꾸준한 노력이 필요하다. 평소 모습을 생각해볼까? 책을 쓰기 전 나는 정말 많은 것을 스마트폰으로 했다. 카카오톡, 네이버 뉴스, 메일 확인, 회사 메신저 확인, 블라인드 확인, 게임, 웹툰 보기 등. 계속 몇 분, 몇 초마다 다른 것을 했다. 네이버 뉴스를 보다가 카카오톡을 했다. 카카오톡을 하다가도 게임을 했다. 한 가지 일을 집중해서 10분 이상 하기란 은근히 어려웠다.

번갈아가며 읽기를 시작하나

그 뒤로 나는 독서법 관련 책을 참고할 때도 항상 2권의 책을 가지고 다녔다. 바로 이토 마코토 작가의 『꿈을 이루는 독서법』과 하토야마 레히토 작가의 『하버드 비즈니스 독서법』이다. 먼저 『하버드 비즈니스 독서법』의 목차를 폈다. 그리고 내가 참고할 만한 소제목을 찾아서 읽었다.

1장 '책을 많이 읽는데도 왜 성과가 나타나지 않을까'의 소제목 '독서량보다 중요한 실천하는 양'을 읽었다. 책을 읽다가 다시 『꿈을 이루는 독서법』을 폈다. 비슷한 목차가 있는지 확인하기 위함이었다. 이 책에는 비슷한 목차가 없었다. 그리고 다른 비슷한 제목의 목차를 찾아 읽었다. 같은 주제라도 작가마다 다른 생각을 가지기도 했다. 책 읽는 쏠쏠한 재미가 생겼다. 같은 주제인데도 작가에 따라 다른 생각을 갖고, 다르게 비유하기도 했다.

이렇게 같은 분야의 책이라도 2권을 가지고 다니자. 2권을 번갈아가며 읽다 보면 다양한 시각과 관점으로 책을 읽을 수 있다. 같은 주제인데도 저자들이 말하고자 하는 바가 다를 수 있다. 나도 그 다른 관점을 가지는 것에 대해 생각을 하며 의견을 덧붙이며 읽을 수 있다. 작가들과 대화하는 느낌이 든다.

나의 사례와 같이 같은 종류의 책을 2권 가지고 다녀도 된다. 하지만 다른 종류의 책 2권을 가지고 다녀도 좋다. 같은 종류의 책을 2권 가지고 다녀도 책 읽는 색다른 재미를 느낀다. 그럼 다른 종류의 책 2권을 읽으면 어떨까? 아마 또 다른 재미를 느낄 수 있지 않을까? 나는 다른 종류의 책 2권을 번갈아가며 읽은 적이 있다.

나는 어느 주말 아침 책을 읽으러 스타벅스로 갔다. 그날도 스타벅스 오픈 시간에 맞춰 들어갔다. 당시 나의 가방에는 2권의 책이 있었다. 바로 네빌 고다드 작가의 『믿음으로 걸어라』와 김태광 작가의 『천재작가 김태광의 36세 억대 수입의 비결, 새벽에 있다』라는 책이었다.

먼저 김태광 작가의 책을 읽었다. 이 책의 원고는 직장을 다니면서 작성했다. 그래서 퇴근 후에는 시간이 넉넉하지 않았다. 일단 불규칙적으로 퇴근을 했다. 어느 날에는 빨리 퇴근하는 경우도 있었지만 어느 날은 늦게 퇴근했다. 그래서 나도 새벽에 책을 읽거나 원고를 쓰는 시간을 가져야겠다고 생각했다. 예전에도 새벽에 기상해서 영어 공부, 책 읽기 등 여러 자기계발을 했다. 그런데 새벽에 기상하는 습관이 여간 어려운 것이 아니다. 그래서 나는 목차를 펴서 4장을 살펴봤다. 4장을 읽고 새벽에 기상하는 데 동기부여를 받을 수 있을 거라 생각했다.

책 몇 꼭지를 읽다 보니 또 집중력이 떨어졌다. 한 3개 정도 소제목을 읽었을 때였을까? 어느 정도 새벽에 일어나는 방법에 대해 읽었다. 나에 맞는 방법도 머릿속으로 생각해봤다. 그리고 다시 동일한 책을 읽으려 하니 왠지 읽기가 머뭇거려졌다. 그래서 나는 가지고 왔던 다른 책을 읽었다. 네빌 고다드의 책이다. 네빌 고다드라는 인물의 책을 처음 접한 것이라서 누구인지도 궁금하기도 하고 서문부터 읽었다. 그리고 목차를 보니 1-5장으로 구분된 목차가 아니었다. 그냥 소제목들이 쭈욱 있었다. 나는 그냥 처음부터 읽기로 했다.

처음부터 읽으면서 작가에 대해 알게 되었다. 그리고 김태광 작가의 책과는 전혀 다른 느낌을 받았다. 왠지 책을 읽으면서 내 안의 강한 무엇인가가 올라오는 느낌을 받았다. 굉장히 색다른 경험이었다. 김태광 작가의 책을 읽었을 때는 다짐을 하면서 읽었다. 새벽에 일어나서 책을 읽거나 원고를 써야겠다는 다짐. 그런데 네빌 고다드의 책을 읽을 때는 읽으면서 뭔가 내가 성장하는 느낌을 받았다. 의식이 확장되는 느낌이었다.

현대인들은 집중력이 엄청 짧다고 한다. 금붕어의 집중력 9초보다 짧은 8초다. 책이 무거워서 1권만 들고 다니는가? 아니면 다 읽지 못할 것 같아서 한 가지 책만 들고 다니는가? 이제 2권의 책을 들고 다니자. 비슷한 분야의 책도 좋다. 전혀 다른 분야의 책도 좋다. 책을 읽다 보면 질릴 수도 있다. 그럴 때는 번갈아가면서 책을 읽어보자. 색다른 독서의 재미를 알게 될 것이다.

04

관심 있는 분야의 책 10권을 읽는다

"남의 책을 읽는 데 시간을 들여라.
남이 애써 얻은 것으로 자기 자신을 쉽게 개선할 수 있다."
– 소크라테스

부족한 부분을 독서로 채우자

완벽한 사람이 있을까? 사람의 능력이 100가지라고 가정해보자. 100가지 능력 모두 뛰어난 사람이 있을까? 어느 한 커뮤니티에서는 세종대왕과 이순신 장군도 욕을 한다고 한다. 이 2명은 내가 개인적으로 존경하는 위인이다. 그 커뮤니티에 가서 글을 보면 괜히 기분이 나빠질 것이라고 생각했다. 그래서 커뮤니티에 들어가서 굳이 글을 찾아보지는 않았다. 위인들도 누가 보기엔 단점이 있다. 살다 보면 누구나 실수를 하고 잘못도 한다. 어느 분야에 대해서는 능력이 모자라기도 한다. 즉, 모든 사람은 장점과 단점을 가지고 있다는 말이다. 완벽한 사람은 없다.

삶을 살면서 문제가 있을 때를 떠올려보자. 주위 사람들이나 멘토들에게 조언을 구한다. 그리고 나보다 앞서 살아간 선배들에게 조언을 구하기도 한다. 그런데 한 사람만의 조언을 듣고 무엇인가를 선택한다면 어떻게 될까? 그 사람만의 조언은 결국 세상을 바라보는 관점이라고 할 수 있다. 한 방향에서만 바라보는 관점, 즉 편향된 사고로 선택을 하는 것이다. 삶의 문제를 선택할 때에도 여러 사람의 조언을 듣는다. 집을 살 때, 차를 살 때 등 주위의 여러 사람에게 조언을 구한다.

조언은 사람으로부터만 구할 수 있을까? 우리는 조언을 책에서도 얻을 수 있다. 왜냐하면 책은 한 사람의 생각과 철학이 담긴 것이기 때문이다. 물론 사람을 직접 만나서 조언을 얻는 것이 가장 좋은 방법이다. 하지만 책에는 저자의 생각과 철학이 담겨 있다. 그래서 사람이나 책이나 크게 다르지 않다. 그런데 그런 책에도 장점과 단점이 있다. 당연한 이치다. 왜냐하면 책을 쓰는 사람이 장점과 단점이 있기 때문이다.

책을 쓰는 사람이 장점과 단점이 있기 때문에 책 역시 장점과 단점이 있을 수밖에 없다. 그렇게 보면 세상에 완벽한 책이 있을 수 없다. 어떤 책은 이해하기 쉽게 써 있다. 어떤 책에는 많은 정보들이 들어 있다. 책마다 강점이 다르다는 이야기다. 어느 분야에 대한 책을 1권만 본다는 것은 인생의 조언을 얻을 때 한 명의 사람에게만 얻는 것이라고 비유할 수 있다.

나는 독서법 관련 분야의 책을 1권만 읽고 독서를 시작한 적이 있다. 2012년이었다. 나는 이지성 작가의 『독서 천재가 된 홍대리』라는 책을 읽었다. 책이 쉽게 쓰여 있어서 단숨에 읽을 수 있었다. 그리고 소설처럼, 시트콤처럼 상황 묘사도 잘 되어 있었다. 읽어보고 나도 따라 할 수 있겠다는 생각을 했다. 책을 다 읽고 나서 나는 그 책을 맹신했다. 독서에 관해서는 그 책이 진리라고 생각했다. 정답이라고 생각했다. 그 책을 따라서 100권 독서를 했다. 100권 독서를 하던 때가 생각난다. 닥치는 대로 어떤 책이든 읽었다. 동기부여를 받고 싶었다. 그래서 위인들의 책을 봤다. 명진 출판사에서 나온 위인전 시리즈를 읽었다.

어느 정도 시간이 지났다. 나는 드디어 100권의 책을 읽었다. 그리고 1년 365권 독서를 시도했다. 하지만 나는 단지 권수에만 집착했다. 책의 양에만 집중했던 것이다. 그래서 읽기 쉬운 책만 골라서 읽었다. 'XX 천재가 된 홍대리' 시리즈를 읽었다. 마치 소설책 읽듯이 쉽게 읽을 수 있었다. 하지만 골프나 와인 같은 분야의 책은 나에게 필요하지 않은 책이었다. 하지만 권수를 채우기 위해 무조건 읽었다. 심지어 야마오카 소하치 원작의 『대망』 만화책 시리즈도 한 권의 책이라고 여기고 읽었다. 그렇게 목적 없이 책 읽기만 목표로 삼고 읽었던 것이다.

물론 그때 독서 습관을 들인 것은 정말 감사할 일이다. 그때 독서 습관을 형성하지 못했다면 지금의 나도 없을지 모르겠다. 비록 책의 양에 집중한 독서였지만 덕분에 책을 좋아하는 지금의 내가 있는 것은 감사할 일이다. 하지만 지금 와서 생각해보면 조금 아쉬운 면이 있다. 독서를 해야겠다는 생각을 했다면 다른 작가들이 쓴 독서법 책도 읽어야 했다. 그리고 각 책이 말하는 독서법 중에서 나에게 맞는 독서법을 찾아야 했다. 책은 작가의 생각과 경험들로 이루어진다. 그래서 한 작가의 책만 읽고 무엇인가 시도한다면 편향된 방법으로 시도할 가능성이 크다. 사실 독서 법은 세상에 무수히 많다. 그 많은 독서법 중에 나에게 맞는 독서법을 찾는 것이 가장 중요하다.

관심 분야의 책을 읽기 시작하다

2019년 3월이었다. 내가 한 권의 책을 읽고 독서를 했던 2012년에서 약 8년이 지났다. 다시 나는 독서법 관련된 책을 읽고 있다. 그때 한 권의 독서법 책만 봤던 것을 반성한다. 그래서 나는 독서법 관련된 책 10권을 샀다. 그리고 철저히 분석했다. 각 책들의 장점과 단점, 책에서 말하고자 하는 핵심 키워드를 분석했다.

이렇게 읽은 책 중에서 나에게 맞는 독서법을 찾았다. 바로 책을 더럽게 보는 방법이다. 어떤 책에서는 반드시 독서 노트를 따로 준비해야 한다고 말한다. 다른 사람에게는 좋은 방법일 수도 있지만 적어도 나에게는 맞지 않았다. 나는 책 말고도 다른 노트를 가지고 다니는 것이 나와 안 맞다고 생각했다. 그래서 이렇게 생각했다. '책 몇 권만 가지고 다니는 것 말고 또 공책을 가지고 다닌다고?' 몇 번 시도해보다가 포기할 것이 분명했다. 그래서 나는 독서 노트에 적는 것보다 책에 바로 적는 방법으로 독서한다. 책의 많은 여백에 바로바로 적는다. 그리고 다시 보고 싶은 부분은 언제든 찾아볼 수 있도록 모서리를 접는다.

이렇게 나는 독서법에 관련된 10권의 책을 읽었다. 그리고 여러 가지 독서법 중 나에게 적용할 만한 독서법을 찾았다. 예전처럼 단 1권의 독서법 책만 봤다면 나만의 독서법을 찾기란 어려웠을 것이다. 독서법 관련된 책을 읽으면서 이렇게 독서법 관련된 책도 쓰고 있다. 단순히 책을 읽는 것을 넘어 책을 쓰고 있으니 2012년과 비교해서 놀라운 변화다.

나는 최근 독서법 외에도 '부'와 관련된 책을 읽고 있다. 왜냐하면 이 자본주의 사회에서 풍요롭게 살고 싶어서이다. 그러기 위해 '부'를 공부한다. '부', '돈'을 싫어하는 사람이 있을까? 아마 대부분의 사람은 돈을 좋아할 것이다. 돈을 싫어한다면 위선이다. 거짓이다. 당장 돈이 없으면 사랑하는 사람을 만나러 갈 수도 없다. 그리고 사랑하는 사람과 밥을 먹을 수도 없다. 그래서 돈을 많이 벌기 위해서 '부'라는 것을 공부해야 한다. '부'를 알아야 한다. '부'와 관련된 책을 읽어야 한다.

그래서 나는 부와 관련된 책을 샀다. 나는 엠제이 드마코 작가의 『부의 추월차선』, 오리슨 S. 마든 작가의 『아무도 가르쳐주지 않는 부의 비밀』, 라이너 지델만 작가의 『무엇이 당신을 부자로 만드는가』 등의 책을 샀다. 그리고 꾸준히 이 책들을 읽고 있다. 물론 처음부터 끝까지 읽지는 않는다. 목차를 펴서 관심 있는 분야를 읽는다. 지금은 부와 관련된 독서를 시작한 지 대략 한 달 정도로 얼마 안 되는 기간이었다. 하지만 부와 관련된 독서를 통해 나 역시 부를 이루게 될 것을 믿는다. 왜냐하면 10권의 부와 관련된 책을 읽기 때문이다.

당신은 어느 분야에 관심이 있는가? 꿈인가? 독서법인가? 혹은 영어 공부인가? 아직도 그 분야의 책 1권만 보는가? 1권의 책만 보는 것은 위험하다. 편향된 사고를 가질 수 있다. 편향된 사고는 편향된 행동을 일으킨다. 관심이 있는 분야가 있다면 해당 분야의 책 10권을 사서 읽어보자. 여러 책의 강점들을 내 것으로 만들 수 있을 것이다. 어느 순간 나 역시 그 분야의 전문가가 되어 있는 것을 발견할 것이다.

05

책에 흔적을 남기며 읽는다

절대로 책을 다 기억하지 못한다

'책을 읽기는 했는데 도대체 기억이 안 나네, 무슨 책이었지?' 사람들은
흔히 이런 이야기를 많이 한다. 이런 경험 한 번쯤 있지 않은가? 분명히
집중해서 책을 읽었다. 그런데 뒤돌아서면 무슨 내용인지 잊어버린다.
심지어 이런 경우도 있다. 서평을 남겨도 나중에 가면 기억이 안 난다.
도대체 왜 그럴까? 내가 잘못된 것일까? 내가 바보라서 그런 걸까? 절대
아니다. 우리는 지극히 정상이다. 책을 읽고 기억이 나지 않는 것은 지극
히 정상이다. 오히려 책을 읽었는데 기억이 다 나면 그것이 비정상이다.

완전 기억 능력이라는 것이 있다. 말 그대로 본 것을 사진처럼 정확하

게 기억하는 능력이다. 아마 영화나 만화책에서 본 기억이 있을 것이다. 하지만 실제로 세상에는 이런 능력을 가진 사람이 없다. 한 번 보고 모두 기억할 수 있다면 어떨까? 행복한 삶일까? 시험 볼 때는 완전 좋은 능력이다. 모든 시험에서 만점을 맞을 것이다. 모든 국가고시에 합격할 수 있다. 모든 기업의 시험에서 만점을 맞을 수 있다. 그리고 모든 자격증 시험에 도전해서 취득할 수 있다. 그래서 '이런 능력을 가지게 되면 좋겠다.'라고 생각할 수 있다. 과연 갖게 되면 좋기만 할까?

눈으로만 보는데 모두 기억나면 어떻게 될까? 이건 재앙이다. 실제로 과잉기억증후군이라는 병이 있다. 일상생활에서 별로 중요하지도 않은 것들을 모두 기억하는 병이다. 이렇게 되면 우리는 일상생활을 하지 못한다. 뇌가 견디지 못한다. 불필요하거나 중요하지 않은 사건들은 뇌를 거쳐가도 기억나면 안 된다. 그래야 일상생활이 가능하다. 한번 생각해 보자. 직장인인 당신이 아침에 일어나서 출근하고 다시 퇴근해서 집에 올 때까지 모든 눈으로 본 것이 기억나면 어떨까? 뇌가 터질 것이다. 기억을 못하는 것이 당연한 것이기에 우리는 책도 기억하지 못하는 것일까? 아니다. 그럼 어떻게 하면 책을 읽고 기억할 수 있을까?

2019년 2월 이전에는 그저 책을 볼 때 처음부터 끝까지 눈으로만 읽었다. 펜을 가지고 다니는 것도 귀찮았다. 책은 교과서와는 다르게 신성한 것이라고 생각했다. 그래서 책에 낙서하고 흔적을 남기는 것이 뭔가 꺼

림칙했기 때문에 그저 눈으로만 읽었던 것이다. 그런데 그렇게 깨끗하게 책을 읽었고 깨끗하게 책의 내용을 잊었다. 깨끗하게 책을 보면 깨끗하게 잊어버리는 것이 당연하다. 하지만 2019년 3월부터 나는 여태까지와는 완전히 다른 독서를 하고 있다.

나는 세인스노 작가의 『스마트컷』이라는 책을 읽었다. 이 책을 읽을 때 더 이상 깨끗하게 보지 않았다. 항상 책을 읽을 때는 볼펜과 형광펜을 가지고 다녔다. 그리고 중요한 부분에는 밑줄을 그으며 읽었다. 중요한 부분에는 동그라미를 쳤다. 정말 중요한 부분에는 별표를 치기도 했다. 더 중요한 부분은 별표를 3개까지 표시했다. 이게 책인지 낙서장인지도 모르는 페이지도 있다. 정말 심한 부분은 보는 것만으로도 더러운 부분이 있다. 하지만 이런 부분은 나에게는 가장 깨끗하게 정리되어 있는 부분이다. 중요한 것에 중요하다고 표시되어 있는 것이다. 한눈에 보고 어디를 읽어야 될지 정리되어 있는 것이다.

이렇게 책을 보면 장점이 있다. 바로 다시 책을 볼 때 밑줄 친 부분만 읽으면 된다는 것이다. 내게 중요한 부분은 동그라미를 쳤다. 책을 다시 읽을 때는 중요한 부분에 더 신성 써서 읽을 수 있다. 뿐만 아니라 별표 표시한 부분은 책을 읽을 때 정말 중요하게 본 부분이라 골라서 볼 수 있었다. 별 표시한 개수에 따라 중요도가 달라진다. 그래서 별표의 개수에 따라 중요도의 차이를 두고 다시 읽을 수 있었다.

기억에 남는 독서법은 따로 있다

위의 나의 경험과 같이 밑줄 그으면서 읽으면 나중에 기억이 난다. 동그라미, 별표 등 다른 도형들로 중요한 정도를 표시하는 것도 기억에 오래 남는다. 여기에 더해 메모하며 읽는 것은 책 내용을 기억하는 것에 한층 더 도움이 되는 방법이다. 메모는 책의 빈 공간들에 하면 된다. 책에는 빈 공간들이 많다. 문단과 문단 사이에도 공간이 있다. 그리고 한 페이지의 주변에도 공간이 많다. 문장들의 위아래는 물론 좌우에도 공간이 많다. 메모할 만한 장소는 충분하다. 그런 곳에 메모하며 읽으면 된다.

메모할 때 나의 생각과 느낀 점을 적으면 된다. 책을 읽을 때 그 당시의 느낀 점, 떠오르는 생각을 가감 없이 적으면 된다. 잘못 적었다고 해도 상관없다. 그때 내가 그렇게 느꼈다는 것이다. 그것 역시 당시 나의 생각이다. 지금 다시 읽어서 생각이 달라진다면 다시 메모하면 된다. 그렇게 메모를 할 때 독서가 남는다. 나의 것으로 남는다. 유독 내가 메모를 많이 한 책이 있다. 바로 네빌 고다드 작가의 『믿음으로 걸어라』라는 책이다. 이 책의 처음 부분을 다시 펴본다. 정말 많은 메모를 했다.

사실 나는 고등학교 때부터 내가 바라는 것을 상상하면 이루어진다는 것을 믿었다. 단순히 왜 그런지는 모르겠지만 성공한 많은 사람들이 그런 방법을 사용했다고 해서 믿었다. 그런데 이 책을 읽으면서 나는 정말 머리끝부터 발끝까지 전율을 느꼈다. 정말 전신에 소름이 돋는 것을 느

껐다. 첫 장을 읽고 나는 24페이지에 이렇게 썼다.

"너무나 큰 충격을 받았다. 정말 큰 깨달음을 얻었다. 예전에 우주의 법칙이라고 하면 마냥 간절히 바라면 이루어진다고 생각했다. 그런데 이제 명확히 깨달았다. 우주는 하나님이다. 우리 의식은 태초에 우주에서 왔다. 의식이 모든 것을 만들 수 있다. 의식이 전부다. 의식은 우주에서 시작됐다. 그렇기에 나는 하나님의 자식이다. 나 역시 우주의 힘을 끌어 당기면 무엇이든 할 수 있다. 무엇이든 될 수 있다."

내 생에 책에 이렇게 많은 메모를 한 것은 처음이었다. 이 책을 읽은 후 나는 무조건 성공한 상상만 한다. 내가 바라는 꿈을 이룬 상상을 한다. 이 상상에 한 치의 의심도 없다. 사실 나는 이 책을 쓰기 전에 이미 다른 책에서 선언했다. 2019년 3월 18일 월요일이었다. 『보물지도 17』이라는 책에 실릴 원고에 나의 꿈을 적었다. 나는 글 한 번 써보지 않은 이공계 대학생 출신 직장인이다. 그런 내가 당당히 이런 꿈을 남들이 다 보는 책에 적었다. 내가 책에 선언한 것이 무엇인지 적어보겠다.

'베스트셀러 작가가 되어 교보문고 강남점에서 저자 사인회 하기, 나는 2019년 4월 29일 월요일 출판사에 원고를 투고한다, 나는 2019년 5월 27일 나의 책을 출판한다, 나는 2019년 6월 24일 월요일 베스트셀러 작가가 된다, 나는 2019년 6월 28일 금요일 교보문고 강남점에서 베스트셀러

작가 사인회를 한다.'

지금도 나는 내가 적은 이 꿈에 대해 단 한 치의 의심도 없다. 이미 나는 베스트셀러 작가다. 이미 나는 원고를 투고했다. 이미 사인회도 했다. 그것도 교보문고 강남점에서. 시간이 지나 올해 여름이 기대된다. 내가 상상한 것이 실제로 내 눈앞에 펼쳐진다. 이 글을 읽는 독자분들은 미친놈이라고 생각할 것이다. 하지만 모두 알게 될 것이다. 내가 꿈을 이뤘다는 것을. 나는 꿈을 꾸고 그 꿈을 상상했다. 그리고 이뤘다.

이렇게 표시도 하고 메모도 한 다음에 해야 할 것이 있다. 바로 모서리 부분을 접는 것이다. 모서리 부분을 접어야 나중에 다시 펼쳐볼 수 있다. 아무리 중요한 부분에 밑줄을 긋고 표시를 하고 메모를 해도 어딘지 다시 찾기는 어렵다. 그래서 책의 모서리 부분을 접어야 한다. 그렇게 접은 것을 보고 나중에 그 부분만 다시 볼 수 있는 것이다.

나는 앞에서 말한 2권 모두 모서리를 접었다. 그리고 다시 봐도 언제든지 중요한 부분을 펼쳐볼 수 있게 했다. 이렇게 하면 내가 중요하다고 생각하는 부분을 다시 볼 수 있다. 언제든 빨리 중요한 부분만 볼 수 있는 것이다. 그래서 기억이 난다.

책을 읽었는데 돌아서면 기억이 안 나는가? 그렇다면 책에 흔적을 남겨보자. 펜으로 밑줄도 그어보자. 밑줄 그은 부분에 특히 떠오르는 생각이나 느낌이 있다면 메모도 해보자. 그리고 마지막으로 모서리를 접어보자. 언제든지 다시 보기 쉽다. 깨끗이 보면 깨끗이 잊어버린다. 이제 책에 흔적을 남기자. 흔적을 남기면 내 삶이 변한다.

06

똑같은 책을 반복해서 읽는다

"옛 책을 다시 읽는다고 그 책에서 전보다 더 많은 내용을 발견하지 않는다.
단지 전보다 더 많이 당신 자신을 발견한다."
– 클리프턴 패디먼

나의 상황은 매번 달라진다

"흔들리지 않고 피는 꽃이 어디 있으랴, 이 세상 그 어떤 아름다운 꽃
들도 다 흔들리면서 피었나니." 도종환 시인의 「흔들리지 않고 피는 꽃이
어디 있으랴」의 한 구절이다. 이 구절을 읽어도 나의 상황과 마음가짐에
따라 다르게 다가온다. 내가 심신이 힘들 때 이 구절을 읽었다. 힐링과
위로의 느낌을 받았다. '그래. 다 시련과 고통을 겪는 법이지. 이런 시련
을 겪는 것은 당연해.'라고 생각했다. 하지만 내가 열정에 불타올라서 자
기계발 할 때 읽었을 때는 다른 느낌을 받았다. '그래, 시련과 고통을 이
겨내야지. 이 시련과 고통을 이겨내면 너라는 꽃이 필 거야.'라는 생각을
했다.

이렇듯 시 한 구절을 읽어도 당시의 나의 상황에 따라 느낌이나 생각이 다르게 다가온다. 시도 그러한데 책을 반복해서 읽으면 어떻게 될까? 책을 반복해서 읽으면 읽을수록 그 깨달음의 깊이가 달라진다. 처음 책을 읽을 때는 중요한 부분을 표시하면서 읽는다. 그리고 두 번째 읽을 때는 중요한 부분만 다시 보게 되어 그 부분에 대한 생각을 정리할 수 있게 된다. 그리고 3번째 이상 읽게 되면 그때부터는 저자와 만나게 된다. 저자의 뇌와 나의 뇌가 만나는 순간이 되는 것이다. 여러 가지 질문을 하고 사고의 확장을 경험하게 된다.

내가 가장 많이 읽은 책 중 하나가 바로 『삼국지』다. 소설인데도 불구하고 상당히 흥미로운 책이다. 내가 이 책을 읽은 이유는 어렸을 때 아버지 덕택이다. 아버지께서 책을 읽어보라고 권하셨다. 책을 권한 적이 단 한 번도 없는 아버지께서는 평생 책을 읽게 된다면 삼국지만 읽어도 된다고 하셨다. 『삼국지』에 모든 인생이 담겨 있다고 하셨다. 어릴 때 잘 이해는 안 되었지만 순종적인 나는 아버지의 권유에 충실히 따랐다.

그 계기로 태어나서 처음으로 책을 읽게 되었다. 그래서 나는 초등학교 때부터 『삼국지』를 읽기 시작했다. 초등학교 때는 만화책으로 읽었다. 이문열 작가의 『삼국지』는 절대 못 읽을 것 같은 분량으로 보였다. 그렇게 만화책을 보면서 재미를 붙였다. 단순히 내용과 줄거리를 이해하는 수준으로 읽었다.

그리고 중학교, 고등학교 때는 인물을 분석하면서 읽었다. 단순히 전체적인 줄거리를 이해하는 것을 넘는 독서를 한 것이다. 인물 한 명, 한 명을 분석하며 좋은 군주인지, 좋은 장군인지, 좋은 책사인지를 분석하며 읽었다. 그리고 배울 점을 정리하면서 읽었다. 조조에게는 인물을 등용하는 여러 가지 방법에 대해 배웠다. 유비에게서는 사람들을 진심으로 대하는 법을 배웠다. 그리고 손권에게서는 전략적으로 내가 가진 자원을 효율적으로 사용하는 법을 배웠다. 실패한 군주는 실패한 대로 값진 경험으로 다가왔다. 예컨대 여포에게서는 무자비한 폭군의 단점에 대해 배웠다. 앞으로 인생을 살아가는 데 큰 도움이 될 만한 독서였다.

그리고 대학생 때는 나는 어떤 스타일의 영웅인가를 고민하면서 읽었다. 책을 나에게 투영했다. 나를 책에 투영했다. 과연 나는 군주가 될 만한 인물인가, 책사가 되어야 하는가, 장군이 되어야 하는가? 나의 생각과 경험들을 비교하며 책을 읽었다. 그리고 나름대로 생각을 정리했다. 나는 책사가 맞다고 생각했다. 우선 군주로서 진두지휘하는 것을 좋아하지 않았다. 앞에서 '나를 따르라!' 하는 것이 군주라고 생각했고 부담스럽기도 했다.

그리고 직장 생활을 하면서도 읽었다. 당시 나의 업무는 채용이었다. 그때는 신입사원 채용업무를 담당했다. 그리고 언젠가는 경력사원 채용업무를 할 것이라고 생각했다. 나는 나중에 경력사원 채용을 할 때 어떻게 채용을 해야 될지 고민하면서 읽었다. 대학생 때까지 읽었던 단순 요약 읽기를 넘어서 나의 실생활에 적용하는 독서를 하게 된 것이다. 채용의 관점에서 읽으니 정말 신기했다.

　유비가 처음 도원결의 할 때는 마음에 맞는 사람을 채용한 것이다. 한 마디로 운이 좋았다. 관우와 장비라는 사람을 못 만났다면 유비는 평생 돗자리 장수나 하고 있었을 것이다. 유비가 제갈량을 등용할 때 어땠는가? 삼고초려라는 말이 유명하다. 나에게 절대적으로 필요한 사람을 채용할 때는 몇 번이고 가서 설득하고 성의를 보여야 하는 것이다. 결론적으로 내가 경력사원 채용 업무를 하지 않아서 적용해보지는 못했지만 독서를 나의 삶에 적용하기 위해 고민해본 좋은 경험이었다.

　이렇게 『삼국지』라는 소설책을 읽을 때도 몇 번 읽는지에 따라 독서의 수준이 달라졌다. 처음에는 단순히 줄거리를 요약하고 이해하는 독서를 했다. 다음에는 등장하는 인물에 대해 분석하며 읽었다. 그리고 나를 인물에 투영해보고 인물을 나에게 투영해보면서 읽었다. 책을 통해 나 자신과 만난 것이다. 그 후에는 삶에 적용시켜봤다. 현재 내가 하고 있는 일에 접목해서 고민해볼 부분을 생각했다. 그렇게 독서의 깊이가 달라졌다.

반복 독서로 깨달음을 얻다

　요즘에는 네빌 고다드 작가의 『믿음으로 걸어라』라는 책을 여러 번 읽고 있다. 이 책은 단순히 지식 전달을 하는 책이 아니다. 책을 읽다 보면 나의 의식이 확장되는 것을 느낄 수 있다. 깨달음이 기존의 책들과는 차원이 다르다. 점점 내가 성공할 수밖에 없다는 확신을 준다. 그리고 나역시 이제 한 치의 의심도 하지 않는다.

지금 나의 모습은 과거의 내가 바라던 모습인 것이다. 현재는 내가 의식한 것의 결과일 뿐이다. 그렇기 때문에 미래의 모습은 지금 의식하는 것에 기인한다. 그래서 나의 꿈을 의식하는 대로 이룰 수 있다. 미래를 의식해야 그 방향으로 꿈이 움직이고 지금의 내가 행동한다. 결국 꿈을 이룬다. 이런 내용에 관련된 책이다.

생각해보면 나는 대학교 입학을 할 때도 이런 비슷한 경험을 했다. 그리고 취업을 할 때도 비슷한 경험을 했다. 내가 원하는 것을 상상했다고 결국 이루어냈다. 나는 서울대학교에 입학했고 삼성전자에 취업했다. 바라는 것을 이루었다고 생각하고 기도했다. 상상했다. 끝에서 시작한 것이다.

내가 공동 저자로 쓴 책 『보물지도 17』에 나의 꿈 5가지를 썼다. 당시에는 '내가 생각하는 대로 무엇이든지 다 이루어진다면 무엇을 원할까?'라는 질문을 떠올리고 썼던 책이다. 내가 하고 싶은 것, 되고 싶은 것만 생각했다. 방해하는 현실적인 요소들을 다 배제하고 작성했다. 솔직히 책을 쓸 당시에는 확신이 없었다. 하지만 이제는 확신한다. 아래 4가지도 이룰 수 있다고. 5가지 중에 하나는 베스트셀러 작가가 되는 것이다. 나머지 4개는 아래와 같다.

- 전국의 중고등학교에서 동기부여 강연하기
- 베트남, 중국, 일본, 대만에 베스트셀러 판권 계약하기
- 전 세계 청소년 리더십 콘퍼런스 개최하기
- UN에서 평화 연설하기

책은 1번만 읽는 것이 아니다. 2-3번 그리고 많이 읽으면 읽을수록 좋다. 매번 새롭게 나에게 다가온다. 매번 다른 선물을 들고 다가온다. 처음에는 책의 내용을 이해하는 수준의 독서를 한다. 다음에 읽을 때는 책 내용에 나의 생각을 더하는 독서를 한다. 이를 통해 나와 마주하게 된다. 한 번 더 읽으면 그때부터는 책을 내 삶에 적용해볼 수 있게 된다. 그리고 책의 깊이를 알게 된다. 삶에 대해, 책에 대해 관점이 달라진다. 그렇게 내가 얻는 것들도 달라진다. 책을 반복해서 읽자. 나의 의식 수준이 높아진다. 전혀 다른 차원의 독서를 할 수 있다.

07

볼펜과 형광펜을 활용하는 5가지 방법

"편안함을 느끼는 순간 뇌는 활동을 멈춘다."
– 에란 카츠

한때 나는 게임 중독자였다. 사람들에게 내가 '바람의 나라'라는 게임 중독자였다고 말하면 깜짝 놀란다. 중학교 2학년 때, 나는 3일 내내 아무 것도 먹지도 마시지도 않고 게임을 했다. 그리고 화장실에 갔다가 정신을 잃고 쓰러졌다. 그 정도로 게임 중독자였다. 지금은 예전에 비해 인기가 없는 게임이다. 하지만 내가 중학교 시절 이 게임은 '리니지'라는 게임과 어깨를 나란히 할 정도로 최고의 게임이었다.

당시 '이가닌자의 검'이라는 가성비 좋은 아이템이 있었다. 가격 대비 적에게 데미지를 주는 것으로 최고의 검이었다. 다만 이 검의 단점이 있었다. 바로 수리가 안 된다는 것이었다. 나는 아까워서 내 게임 캐릭터의 패션으로만 이 아이템을 가지고 다녔다. 그런데 친구 M은 나랑 같이 시작했는데 레벨을 빨리 올렸다. 왜 그렇게 빨리 올리는지 궁금해서 물어봤다. M은 그 검으로 사냥을 한다고 했다. 사냥을 하면 경험치를 얻고 레벨업을 할 수 있다.

아무리 좋은 무기가 있어도 쓸 수 없다면 그 무기는 더 이상 좋은 무기가 아니다. 그저 멋있어 보이는 액세서리일 뿐이다. 이런 단순한 게임에서도 무기를 잘 써야 된다. 무기를 잘 써야 적을 잡을 수 있다. 그리고 경험치를 얻는다. 결국 레벨이 오른다. 게임도 무기를 잘 써야 된다. 그런데 책을 읽을 때 최고의 무기는 무엇일까? 무기를 어떻게 사용해야 독서를 잘할 수 있을까? 최고의 무기는 볼펜과 형광펜이다. 이 무기를 활용하는 5가지 방법에 대해 이야기하겠다.

첫 번째, 볼펜으로 밑줄 긋는 것이다.

책을 읽으면서 중요한 문장들은 볼펜으로 밑줄을 그어보자. 이렇게 밑줄을 그으면서 책을 읽으면 다시 볼 때 아주 유용하다. 왜냐하면 밑줄 그은 부분만 읽으면 되기 때문이다. 다른 부분은 볼 필요가 없다. 나는 어떤 책을 읽든 항상 볼펜과 형광펜을 들고 다닌다. 그리고 볼펜을 들고 책을 읽는다. 읽으면서 중요한 부분은 반드시 밑줄을 긋는다. 혹은 다시 보고 싶은 문장들에 밑줄을 긋는다.

실제로 이토 마코토 작가의 『꿈을 이루는 독서법』을 읽을 때 볼펜으로 밑줄을 그으며 읽었다. 39페이지의 '한 분야에서 최고라 불리는 사람이 쓴 책을 읽는다'를 읽을 때 볼펜을 들고 읽었다. 마지막 문단에 밑줄을 모두 그었다. 왜냐하면 마지막 문단에 저자가 하고 싶은 이야기가 모두 있기 때문이다. 이 소제목 부분에서는 서론과 본론에 별 내용이 없었다. 그래서 가장 중요한 결론 부분에 밑줄을 모두 그었다.

두 번째, 볼펜으로 표시하는 것이다.

책을 읽을 때 밑줄을 그으면서 읽어도 큰 도움이 된다. 그러나 밑줄만 그어서는 아직 제대로 된 독서를 한다고 할 수 없다. 밑줄 친 문장에 중요한 단어나 핵심 내용들에 표시를 해야 한다. 볼펜으로 여러 방법으로 표시할 수 있다. 나는 중요한 단어에 동그라미를 표시한다. 그리고 중요할수록 별표를 한다. 별표는 최대 3개까지만 표시한다. 그러면 나중에 다시 읽을 때 내가 얼마나 중요하게 생각했는지 알 수 있다.

실제로 나는 도이 에이지 작가의 『그들은 책 어디에 밑줄을 긋는가』를 읽을 때 동그라미로 중요한 단어를 표시했다. 51페이지의 '빨리, 많이 읽어야 한다는 강박의 함정' 부분을 보면 여러 군데에 밑줄이 그어져 있다. 다시 보면 어디가 중요한지 잘 감이 안 온다. 그런데 동그라미 표시를 해서 중요한 단어가 무엇인지 한눈에 들어온다. 내가 동그라미 표시한 단어들은 이렇다. '가치', '명확한 목적', '권수', '어떻게 활용했는가', '목적'이다.

다음에 볼 때는 이 단어만 봐도 생각이 정리가 된다. '아, 빨리 많이 읽을 필요가 없구나. 중요한 것은 책의 가치와 명확한 목적이구나. 권수는 상관이 없구나. 결국 책을 읽고 어떻게 활용했느냐가 독서의 가치를 결정하는구나. 결국 독서의 목적을 잘 세워야 하는구나.' 남이 볼 때는 뒤죽박죽 중구난방으로 동그라미 표시가 되어 있을 수도 있다. 하지만 이렇게 표시하면 그 책을 다시 읽을 때 빨리 정확하게 읽을 수 있다.

세 번째, 형광펜으로 문장에 색칠하는 것이다.

형광펜으로 문장에 색칠을 해놓으면 더 눈에 잘 들어온다. 밑줄을 긋고 중요한 문장이나 중요한 단어에 동그라미로 표시를 했다. 그런데 책을 읽다 보면 밑줄을 다 긋는 경우도 생긴다. 그리고 중요한 단어들이 쏟아질 때가 있다. 그럴 땐 바로 형광펜으로 문장에 색칠을 하면 된다. 수많은 밑줄에서 정말 중요한 문장을 골라낼 수 있다.

나는 도이 에이지 작가의 『그들은 책 어디에 밑줄을 긋는가』라는 책을 읽을 때 형광펜을 사용했다. 29페이지의 '결과에만 줄을 긋는 안타까운 사람'을 읽었다. 해당 부분을 중요하게 생각해서 펜으로 밑줄을 그은 부분이 반이나 되었다. 그것은 정말 나에게 중요하게 다가왔다는 것을 의미한다. 이렇게 많은 문장 속에서 형광펜으로 칠해진 문장은 한눈에 들어온다.

네 번째, 여백에 볼펜으로 메모하는 것이다.

앞의 3가지를 모두 했다면 이제 메모를 해야 한다. 사실 메모가 핵심이다. 책을 읽고 나서 드는 생각을 적어야 한다. 책의 여백에 나의 생각과 느낌을 적어야 한다. 그리고 이해가 되지 않는 부분이 있다면 질문 형태로 메모하면 된다. 이렇게 메모하는 것이 볼펜을 사용하는 핵심이다. 책을 읽고 들었던 생각들을 바로 적기 때문에 생생하게 기억난다.

나는 매일 아침 일어나면 꼭 이 책을 읽는다. 바로 김태광 작가의 『김태광, 나만의 생각』이라는 책이다. 그리고 책에 반드시 메모를 한다. 나의 생각을 적는다. 이 원고를 쓰는 오늘 아침에도 책의 37페이지에 나의 생각을 적었다. 잘못을 인정하는 것에 대한 내용이었다. 나는 이렇게 나의 생각을 적었다. "자신의 잘못을 숨겨도 결국 드러나게 되어 있습니다. 숨기고 뭉개고 있다가 오히려 더 큰 잘못이 됩니다. 잘못과 실수는 빨리 인정하고 고치는 것이 아름다운 일입니다. 2019. 4. 26(금)" 이렇게 책을 읽고 드는 생각을 정리하면서 여백에 메모한다. 그러면 내가 막연히 가지고 있던 생각들이 정리된다.

다섯 번째, 볼펜으로 날짜 쓰는 것이다.

마지막으로 무기를 사용한 날짜를 써야 한다. 나중에 다시 찾아볼 때 내가 언제 이런 생각을 했는지 기억하기 위해서다. 이렇게 쌓이다 보면 생각들이 누적된다. 시간이 지나면서 내가 어떤 생각을 가지게 되었는지도 알 수 있다. 같은 내용이라도 언제 읽었는지에 따라 메모 내용이 달라지기도 한다. 나의 경우 메모를 보니 행복에 대한 생각이 바뀌었다. 예전에는 내가 가진 것에 만족하며 사는 것이 행복이라고 생각했지만 지금은 다르다. 행복이란 내가 하고 싶은 일을 하면서 경제적으로 성공하고 시간적 자유도 얻는 것이라고 생각한다.

이렇게 전략적으로 볼펜과 형광펜을 활용해야 제대로 된 독서를 할 수 있다. 그리고 책을 완전히 내 것으로 만들 수 있다. 게임 할 때 무기 없이 맨손으로 싸우면 게임을 잘할 수가 없다. 그리고 게임에서 무기를 잘 활용할 때 레벨업도 빨리한다. 책 읽기도 마찬가지다. 무기 없이 책만 읽으면 잘 안 읽힌다. 무기를 가지고 읽어야 한다. 그렇게 무기를 가지고 책을 읽으면 어느새 독서 레벨이 오른다. 독서 레벨을 올리고 싶은가? 책읽기 무기인 볼펜과 형광펜을 활용해보자.

08

그래도 시간이 없다면 발췌독이 답이다

"만약 내가 다른 사람들 정도로 독서를 했다면,
다른 사람들 정도밖에 몰랐을 것이다."
– 토마스 홉스

우리는 시간이 없다

대부분의 직장인은 독서가 좋다는 것을 알면서도 독서를 하지 않는다. 그리고 독서가 좋다는 것을 알아도 책을 읽다가 금세 포기하고 만다. 왜냐하면 독서로 변하는 자신을 발견하지 못했기 때문이다. 그리고 독서로는 변할 수 없다고 의심한다. 이렇게 책만 봐서는 내가 얻을 수 있는 것이 없다고 생각한다. 괜히 돈 주고 산 책만 탓한다. 그리고 책을 읽으라고 한 저자들을 탓한다. 돈이 아깝다고 생각한다. 하지만 이는 당신의 잘못이 아니다. 책의 잘못도 아니다. 바로 독서 방법이 잘못된 것이다.

2010년부터 2019년 2월까지 나는 정독만 해왔다. 나에게 책을 읽는 것은 처음 서문부터 끝의 맺음말까지 읽는 것을 의미했다. 거의 800~900권 되는 책들을 모두 그렇게 통째로 읽었다. 그런 내가 지금은 발췌독만 한다. 물론 정독으로 읽을 책 몇 권은 아직도 정독으로 읽기는 한다. 하지만 거의 대부분의 책은 발췌독한다. 왜냐하면 직장인인 나에게는 절대적인 시간이 부족하기 때문이다. 책을 읽는 목적이 분명할 때 나는 목차를 본다. 그리고 나에게 필요한 부분만 선택해서 읽는다.

나는 이 책의 원고를 2019년 4월 15일 월요일부터 썼다. 초고를 완성하는 데 대략 2주의 기간이 걸렸다. 어떻게 2주라는 시간에 초고를 다 작성할 수 있었을까? 바로 발췌독을 했기 때문에 가능했다. 내가 원고를 쓸 때 책 쓰는 방법을 참고하기 위해 가장 많이 발췌독한 책은 바로 김태광 작가의 『1년에 10권도 읽지 않던 김대리가 어떻게 1개월 만에 작가가 됐을까』이다.

이 책의 229페이지 '서론, 본론, 결론 쉽게 빨리 쓰는 법'을 매일 읽었다. 매일 원고를 썼던 나는 동기부여가 필요했다. 그리고 매번 구체적인 방법이 필요했다. 그것은 바로 김태광 작가가 제시하는 서론, 본론, 결론 쓰는 방법이있다. 책을 한 번 보면 알 것 같아도 절대 그렇지 않다. 사람은 망각의 동물인지라 한두 번 봐서는 절대 내용을 기억하지 못한다. 그래서 나는 2주 동안 매일 서론, 본론, 결론 쓰는 방법을 읽고 나서 원고를 썼다.

그리고 한 책의 내용만이 익숙해져서 읽어도 머리에 들어오지 않는 경우가 있다. 그냥 눈으로는 보는데 이해하지는 못하는 것이다. 그럴 때는 같은 작가의 다른 책을 읽었다. 바로『가장 빨리 작가 되는 법』이라는 책이다. 이 책의 176페이지에 '각 꼭지에 들어갈 사례 찾기' 부분이 있다. 이전에 참고하던 책에는 없는 내용이었다. 구체적으로 본론을 어떻게 써야 하는지에 관한 내용이 있었다. 본론은 2-3개의 사례가 있어야 한다고 했다. 그래서 나는 매번 원고를 쓸 때 사례 2-3가지를 염두에 두고 썼다.

그리고 원고를 쓰는 동안에도 동시에 한 것이 있다. 바로 독서법 관련된 책들을 분석하는 것이었다. 나는 이것을 경쟁 도서라고 부른다. 왜냐하면 나와 같은 주제로 이미 시장에 나와 있는 책이기 때문이다. 하나의 주제에 대해서도 저자마다 다른 생각을 가질 수 있다. 그리고 다른 관점에서 풀어내는 경우도 있다. 나는 10권 정도의 경쟁 도서를 샀다. 이 책을 내가 어떻게 읽었을까? 또 정독법으로 읽었을까? 그랬다면 2주 만에 초고를 작성하기 어려웠을 것이다. 내가 필요한 부분만 경쟁 도서의 목차를 살펴보고 발췌독했다. 그리고 각 책들의 장단점을 분석했다. 그때그때 필요할 때 발췌독으로 분석한 것이다.

그중에서 가장 주력해서 분석한 책 3권이 있다. 하토야마 레히토의『하버드 비즈니스 독서법』, 이토 마코토의『꿈을 이루는 독서법』, 도이 에이지의『그들은 책 어디에 밑줄을 긋는가』이렇게 3권이다. 나는 '독서는 양이 아니라 질이다.'라는 생각을 가지고 있어서 각각의 책에서 '독서는 양이 아니다 질이다.'라는 것을 다루고 있는지 궁금했다. 그리고 다룬다면 각각 어떻게 접근했는지도 분석하고 싶었다. 그래서 각 책들의 목차를 폈다. 그리고 관련된 부분의 페이지를 찾아 읽었다.

어떤 책은 나와 비슷한 생각으로 질이 중요하다고 풀어쓴 책도 있었다. 하지만 전혀 다루지 않은 책도 있었다. 그리고 어떤 책은 여전히 양이 중요하다는 책도 있었다. 그래서 관련 도서를 발췌독으로 읽으면서 생각을 정리할 수 있었다. 질이 양보다 중요하다는 것에 대해.

발췌독으로 깨달음을 얻다

책이 나오면 알아서 팔릴까? 아니다. 절대 그렇지 않다. 내가 마케팅을 해야 한다. 내가 알아서 스스로 홍보를 해야 하는 것이다. 아무리 좋은 책이라도 사람들이 모르면 소용이 없다. 즉, 팔리지 않으면 소용이 없는 것이다. 그래서 마케팅과 홍보가 정말 중요하다고 생각했다. 나는 책을 쓰게 되면서 마케팅도 같이 준비했다. 사실 책 쓰기 전에는 마케팅이라고 하면 부정적인 이미지가 강했다. 남들을 속여서 자신의 물건을 파는 행위라고 생각했다. 하지만 〈한국SNS마케팅협회〉 대표인 신상희 대표님을 알게 되고 나서는 생각이 완전히 바뀌었다.

나는 사고의 전환을 하게 되었다. 마케팅이란 물건을 파는 것이 아니라 나의 가치를 파는 것이라고. 이런 사고의 전환도 신상희 작가의 『고객이 스스로 사게 하라』와 『SNS 마케팅이면 충분하다』라는 책을 발췌독하면서 알게 되었다. 결국 나와 같은 상품을 파는 사람은 세상에 널렸다. 그런데 나 자신을 파는 사람은 나밖에 없다는 것을 알게 되었다. 그래서 SNS에서 나의 스토리를 담아 나만의 플랫폼을 만드는 것이 중요함을 알게 되었다.

그래서 나는 SNS를 적극 활용하기로 했다. 블로그도 시작했다. 그리고 〈한국위닝독서연구소〉라는 카페도 시작했다. 뿐만 아니라 유튜브도 시작했다. 요즘 핫한 인스타그램을 시작한 건 당연하다. 이렇게 책을 쓰면서도 나는 SNS 마케팅을 준비하게 되었다. 책을 쓰는 것만 해도 버겁다고 생각할 수 있다. 그러나 책만 써서 세상에 나오면 바로 사장되고 만다. 이 책이 세상에 나왔을 때 적극적으로 홍보해줄 수단이 필요하다. 그것이 바로 SNS라고 할 수 있다.

만약 내가 아직도 발췌독이 아닌 정독을 했다면 어떻게 됐을까? 과연 원고를 제대로 쓰기나 했을까? 아마 시간이 없다며 불평불만만 늘어났을지도 모른다. 발췌독은 나의 인생을 송두리째 바꿔주는 데 큰 역할을 했다. 우리는 어둠 속 한가운데 있을 때 어둡다고 불평불만만 한다. 어둠 속에서 내 스스로 빛이 될 생각을 하지는 않는다. 하다못해 스위치를 켜서 빛으로 어둠을 물리칠 생각도 하지 못한다. 내가 그랬다. 어둠 속에서 정독만 하고 있었다. 그 어둠을 빛으로 비춰준 것이 바로 발췌독이다.

"어제와 똑같이 살면서 다른 미래를 기대하는 것은 정신병 초기 증세이다." 알버트 아인슈타인의 명언이다. 이 명언은 아무런 노력도 하지 않고 대가만 바라는 사람들에게 경고하는 것이다. 이제 이 명언을 이렇게 바꿔보자. "어제와 똑같이 정독으로 책을 읽으면서 다른 미래를 기대하는 것은 정신병 초기 증세이다." 바쁜 직장인에게 처음부터 끝까지 읽는 방법의 독서는 적합하지 않다.

직장인들은 시간이 없다. 내가 현재 직장인이라서 아주 잘 알고 있다. 아침 일찍 일어나서 출근하는 직장인이다. 아침 일찍 출근해도 일이 많으면 늦게 퇴근하곤 하는 직장인이다. 회식이 있으면 매번 가는 직장인이다. 갑자기 생기는 미팅과 회의로 야근을 하게 되어도 기꺼이 감수하는 직장인이다. 하루에도 몇 번씩 속으로 욕한다. 지금 이 글을 읽는 직장인분들이 공감할 만한 이야기는 해도 해도 끝이 없다. 우리 직장인들은 시간이 없다. 그러므로 발췌독을 해야 한다. 직장인에게는 발췌독이 답이다. 이제 발췌독으로 우리가 꿈꾸는 미래를 맞이하자. 성취하고 향유하자.

독서를 위한 정소장의 시간 관리 전략
09 - ROTC 기초 장교 훈련 시절, 자투리 시간에 독서를 했다

2012년 3월에 나는 소위로 임관했다. 그리고 전남 장성에서 군사 교육을 받았다. 당시 나는 하루에 1-2권 읽는 것이 목표였다. 그래서 온갖 자투리 시간을 활용했다. 장교 기초 군사 교육을 OBC라고 한다. OBC에서 하루 일과는 고등학교와 비슷하다. 수업 사이사이 10분 정도 쉬는 시간이 있다. 나는 그 10분의 시간을 활용했다. 건빵 주머니에 들어갈 만한 책을 항상 가지고 다녔다. 그리고 쉬는 시간만 되면 책을 읽었다. 뿐만 아니라 점심시간 1시간도 악착같이 사용했다. 식사하고 나서 남은 시간은 무조건 책을 읽었다.

그래서 나는 책을 여러 권 들고 다녔다. 바지 건빵 주머니에는 작은 책을 가지고 다녔다. 그 책은 군복을 입고 있으면 어디서든 읽을 수 있었다. 그리고 군 가방에도 1권을 들고 다녔다. 군 가방에 들고 다니는 책은 건빵 주머니의 책을 읽기 싫을 때 읽었다.

당시 교육받으면서 합숙을 했는데 기숙사에는 침대와 책상이 개인별로 있었다. 그래서 침대에도 일어나자마자 읽을 책을 비치해두었다. 책상에도 읽을 책을 비치해두었다. 그렇게 나는 어디서든 책을 읽을 수 있는 환경을 만들었다.

5장

퇴근 후 1시간 독서가
5년 후 인생을 바꾼다

01

독서하는 직장인만이 살아남는다

"나는 삶을 변화시키는 아이디어를 항상 책에서 얻었다."
– 벨 훅스

독서하는 사람은 달랐다

2017년 통계청에 따르면 평균 기대수명은 82.7세다. 이 나이까지 우리는 무엇을 하며 살아야 할까? 어떻게 살아야 할까? 무엇을 하든 어떻게 살든 사실 가장 필요한 것은 바로 돈이다. 직장에 82.7세까지 다닐 수 있을까? 직장에서 월급을 받으면서 언제까지 살 수 있을까? '2018년 경제활동인구조사 고령자 부가조사 결과'에 따르면 우리나라 평균 퇴직 나이는 49.1세다. 이 나이 이후로는 월급을 주는 직장이 없다는 이야기다. 그런데 평균적으로 82.7세까지 살아야 한다. 퇴직해도 약 30년을 더 살아야 한다. 최소한 직장 생활한 만큼은 인생을 더 살아야 한다.

그런데 퇴직하게 되면 매달 받던 월급이 없어진다. 과연 퇴직 후 우리는 30년 동안 어떻게 살아야 할까? 우리의 인생에서 어떻게 살아남을 수 있을까? 누군가는 주식, 부동산, 경매 등 재테크를 한다. 누군가는 재취업을 하고 누군가는 자영업을 준비한다. 누군가는 강연을 다니고 코칭을 한다. 정답은 없다. 다만 내가 어떤 답을 내릴지 도움을 줄 수 있는 방법이 있다. 바로 독서다.

우리 자신은 망망대해 바다 위에 떠있는 배다. 우리를 바다 한가운데까지 데려다준 것은 학교일 수도 있고 부모일 수도 있고 또 다른 사람일 수도 있다. 어쨌든 누군가 데려다주었다. 이제 이 바다 위에서 어디로 갈지 어떻게 갈지는 오로지 나의 몫이다. 독서는 바다 위에 떠 있는 배 한 척이 어디로 어떻게 갈지를 생각하게 해준다. 그리고 방향과 속도를 결정하게 해준다. 망망대해에서 자신만의 방향과 속도를 결정한 사람들이 있다. 인생의 선배들이다. 인생을 나보다 몇 년 앞서간 선배들은 하나같이 공통적으로 책을 읽으라고 말한다.

2017년 12월부터 2019년 2월까지 나는 신입사원 입문 교육을 담당했다. 입문 교육 마지막 날에는 임원분들을 모셨다. 그리고 신입사원들에게 비전을 심어줄 수 있는 '비전 특강' 강연을 부탁드렸다. 회사의 임원들은 얼마나 바쁜가? 그런 바쁜 임원분들께서 회사의 신입사원들을 위해 강연을 한다. 교육장에 왔다 갔다 하는 시간을 포함하면 대략 2시간이나 투자하는 것이다. 그럼에도 불구하고 매번 임원분들께서 흔쾌히 강연을 해주신다. 신입사원이 그만큼 중요하다는 것을 알고 있는 것이다.

나는 입문 교육을 담당할 동안 입사 5–6년차였다. 신입사원들 입문 교육을 여러 차례 진행해서 강의를 직접 듣지 않아도 된다. 하지만 내가 매번 놓치지 않고 듣는 강의가 있다. 바로 임원분들을 모시는 '비전 특강'이다. 귀중한 시간을 내서 임원분들께서 신입사원들에게 공통적으로 하는 말씀이 있다. 바로 책을 읽어야 한다는 것이다. 뻔한 이야기라고 생각할 수 있지만 강연을 들어보면 정말 진심이라는 것을 알 수 있다. 비단 직장 생활에서 일을 잘하는 것을 넘어 인생에도 꼭 필요하다고 한다.

나 역시 2014년 신입사원 때가 분명히 기억난다. 어느 신입사원 교육에서든 모두 한목소리로 말한다. 책은 반드시 읽어야 한다고. 나는 입사하기 전에도 독서를 좋아했다. 그리고 신입사원이 되어서 여러 사람에게, 특히 임원들에게 독서의 중요성에 대해 들었다. 그래서 더욱더 독서에 대한 애정을 키워나갔다. 회사 생활을 하면 할수록 독서의 중요성을 실감했다. 내가 본 임원분들은 모두 독서광이었다. 시와 소설을 읽는 분도 계셨고 경제경영, 자기계발, 사회과학, 역사, 철학 등 여러 분야의 독서를 하는 분들이 많았다. 그리고 책을 읽고 깨달은 바를 나와 같은 사원들에게 알려주곤 했다.

일을 못한다고 혼내는 임원분들도 있었다. 물론 혼나는 당시에는 얼굴도 보기 싫었고 너무 속상했다. 그리고 자존감에 상처가 많이 났다. 하지만 그들의 독서력 자체는 항상 존경했다. 왜냐하면 상대적으로 시간이 많은 나보다 더 열심히 독서하기 때문이다. 시간이 지날수록 임원과 나의 수준 차이는 커졌다. 물론 임원 수준에서 듣는 정보의 양과 여태까지 회사일을 했던 실력이 차이가 난다. 하지만 이것 외에도 분석력이라든지 통찰력은 내가 도저히 따라잡기가 어려웠다. 이런 차이를 만드는 것은 다름 아닌 독서였다.

내가 읽고 있는 책이 나의 미래다

과거 나의 생각과 행동들이 지금의 나를 만들었다. 그렇다면 나의 미래는 어떻게 만들어질까? 바로 지금 나의 생각과 행동들이 미래를 결정한다. 그럼 나의 생각과 행동들은 무엇의 영향을 받을까? 바로 경험이다. 경험은 직접 경험과 간접 경험으로 나뉜다. 직접 경험은 내가 직접 겪어야만 얻을 수 있다. 제일 좋은 방법이다. 잊을 수 없는 나의 경험 자산이 된다. 그런데 단점이 있다. 시간이 너무 걸린다는 것이다. 출퇴근 시간을 포함하면 하루의 대부분을 직장에서 보내는 직장인들에게는 적합한 방법이 아니다. 게다가 오전 오후, 모두 회사에 있는 대부분의 직장인들은 직접 경험을 하기가 어렵다.

그래서 직장인들은 생각과 행동을 간접 경험으로 변화시켜야 한다. 간접 경험은 다른 사람의 조언이나 인생에서 배우는 것으로 내가 직접 겪지 않아도 된다. 다른 사람에게 배울 수 있는 것이다. 하지만 다른 사람을 만나는 것조차 현실적으로 매우 어렵다. 그래서 우리는 책으로 만나야 한다. 저자와 만나서 대화하는 수단이 바로 책 읽기다. 간접 경험의 장점은 직접 경험보다 더 짧은 시간에 많은 것을 겪을 수 있다는 것이다.

멀리서 찾을 필요도 없다. 우리 자신을 뒤돌아보면 생각과 행동이 변했다는 것을 알 수 있다. 특히 나는 대학교 3학년 때까지 독서라는 것을 하지 않았다. 유일하게 읽었던 책은『삼국지』정도일까? 책을 읽지 않고 주위의 기대대로만 커왔다. 사실 대학교 3학년 때까지만 해도 나는 생각 없이 살았다. 그저 좋은 대학을 나왔기에 취업도 잘되겠지 하는 막연한 생각으로 살았다. 그리고 회사에 다니다가 나오면 치킨집이나 PC방을 해서 돈을 벌면 되겠다고 생각했다. 당시에 치킨집과 PC방은 정말 잘되던 사업이라서 시간이 지나도 계속해서 잘될 것이라 여겼다.

그렇게 독서를 접하기 전 나는 나의 미래에 대해 진지하게 고민한 적이 없다. 하지만 독서를 하면서 처음으로 나의 미래에 대해 고민하기 시작했다. 내가 누구인지, 내가 하고 싶은 것은 무엇인지 여러 질문이 머릿속에 떠올랐다. 독서를 하면 이렇게 사고의 확장을 경험하게 된다.

나는 제도권 안 사회의 시스템에서는 엘리트 코스를 밟아왔다. 대한민국에서 살아가는 대부분이 부러워하는 인생이다. 대한민국에서 가장 좋다는 서울대를 졸업했고 초일류 기업이라는 삼성전자에 다니고 있다. '공부를 잘해서 좋은 대학에 가야 된다. 좋은 대학에 가서 돈을 많이 주는 대기업에 가야 된다.'라는 주위의 기대와 시선에 충실하게 부합하며 살아왔다. 하지만 지금은 날마다 질문을 한다. '이것이 내가 원하는 인생이었을까?' '다시 태어나도 이렇게 인생을 살까?' '내가 죽을 때 후회할까?' '가슴 뛰는 삶이 맞았나?' '내가 원하던 꿈은 무엇이었나?'

당신이 직장인이라면 지금 당장 독서를 해야 한다. 바쁜 시간을 쪼개서라도 독서를 해야 한다. 그리고 내가 어떻게 살아야 하는지, 어떤 힘을 길러야 하는지, 방향은 어떻게 잡아야 할지에 대해 진지하게 고민하고 질문해야 한다. 모든 해답이 책에 있다. 직장에서 살아남길 원한다면, 아니 직장을 넘어 인생에서 살아남기를 원한다면 책을 읽어야 한다. 독서하는 직장인만이 끝까지 살아남을 수 있다.

02

독서 습관은 배신하지 않는다

"습관이란 인간으로 하여금 그 어떤 일도 할 수 있게 만들어준다."
– 도스토예프스키

배신이 팽배한 세상

'믿는 도끼에 발등 찍힌다.'라는 말이 있다. 우리나라 속담이다. 속된 말로 '뒤통수 맞는다.'라고도 한다. 믿었던 사람에게 배신당한다는 말이다. 나와 영원한 것만 같던 사람들이 있다. 부모님, 배우자, 자녀, 친구 등. 하지만 우리 주위에 귀를 기울여보면 이런 이야기를 심심치 않게 들을 수 있다. '믿었던 부모에게 배신당한 느낌이다, 내가 너를 어떻게 키웠는데 이럴 수 있느냐, 당신이 어떻게 나한테 이럴 수 있어?, 야, 우리 사이가 이 정도 밖에 안되는 사이였냐? 실망이다.' 누군가는 영원히 자기 편일 거라고 생각했던 사람에게 배신당한 경험을 가지고 있다.

또 누군가는 믿었던 사람에게 배신당한 경험이 있을 것이다. 단지 배신당한 정도가 크냐 작냐에 차이만 있을 뿐이다. 작든 크든 배신으로 인해 인간관계가 무너질 수도 있다. 부부 사이에는 잦은 다툼을 하기도 한다. 그리고 큰 배신으로 이혼까지 하는 경우도 있다. 부모 자식 간에도 돈 때문에 서로 배신했다는 뉴스를 종종 듣는다. 친구 사이가 여러 가지 이유로 틀어지는 것은 일상다반사다.

나는 〈한책협〉이라는 곳에서 김도사님에게 책 쓰기를 코칭받고 있다. 이곳에서 나보다 먼저 책을 썼던 선배 작가들이 말한다. 책을 썼는데 주위에 가장 친한 친구들이 제일 안 사준다고. 믿었던 친구에게 배신당한 느낌이 든다고 한다. 이렇게 일상에서도 우리는 배신을 당한다. 하지만 절대 배신당하지 않는 것이 있다. 무엇일까? 바로 습관이다. 한 번 길들인 습관은 나를 절대 배신하지 않는다. 습관은 나를 꾸준히 행동하게 만들어준다. 그런데 습관 중에서도 좋은 습관과 안 좋은 습관이 있다.

나는 고등학교 때부터 생긴 안 좋은 습관이 하나 있었다. 헛기침을 너무 큰 소리로 하는 것이다. 정말 너무 커서 주위에서 사자후 같다고 했다. 목이 근질근질할 때면 큰소리로 헛기침을 했다. 나도 왜 그러는지 잘 모르겠다. 아무래도 학교 동아리 활동 때문에 그런 것 같다고 생각한다. 나는 고등학교 시절 관악부에서 클라리넷을 불며 활동했다. 그런데 그 동아리에는 나 빼고 대부분의 형들과 친구들이 담배를 폈다. 자연스럽게 나도 간접 흡연을 했다. 그 후 나는 종종 헛기침을 했는데 습관처럼 헛기침을 하게 된 것이다.

그것 때문에 군 생활 하면서 많이 혼나기도 했다. 한번은 이런 일도 있었다. 군대에서 소대장으로 복무하던 나는 건물 밖에서 또 큰 소리로 헛기침을 했다. 그런데 건물 안에서 중대장이 나와서 한소리를 했다. 지금 중요한 회의를 하고 있는데 왜 이렇게 큰 소리를 내느냐는 것이다. 한 번만 더 큰 소리 내면 알아서 하라고 했다. 그러나 그 후에도 나는 한 번 더 큰 소리로 헛기침을 했다. 그날 내가 먹은 욕은 나를 100살까지 살게 할 것이다.

안 좋은 습관 때문에 나는 고등학교 시절 주위 사람을 불편하게 만들기도 하고 군 생활을 할 때는 평생 들을 욕을 다 먹은 적도 있다. 습관이란 정말 무섭다. 안 좋은 습관이란 것을 알면서도 고치기가 어렵다. 머리로는 분명히 이 습관이 안 좋다는 것을 알고 있다. 하지만 머리로만 알 뿐이다. 한 번 들인 습관을 고치기란 정말 어려운 일이다. 그래서 좋은 습관을 들이는 것이 중요하다.

이렇게 보면 내게 안 좋은 습관만 있는 것 같지만 정말 좋은 습관도 있었다. 바로 꾸준히 지속적으로 공부하는 습관이다. 그런 공부 습관 때문이었을까? 나는 서울대학교에 입학했다. 내가 서울대학교에 입학할 수 있었던 이유는 여러 가지가 있는데, 그중 하나가 언제 어디서든 공부하는 습관이었다고 생각한다. 특히 아침에 일어나서부터 등교 전까지는 정말 로봇처럼 똑같은 일상을 반복했다.

습관은 배신하지 않는다

고등학교 3학년 시절 나의 아침 일과는 매일 똑같았다. 아침 5시에 일어나자마자 나의 꿈과 목표를 노트에 적었다. 그리고 생생하게 상상했다. 꿈과 목표에 관해서는 공동 저자로 쓴 『보물지도17』에 자세히 나와 있다. 그리고 화장실에서 씻었다. 하지만 화장실에서 씻는 그 잠깐의 시간에도 나는 공부했다. 화장실의 온 벽에 포스트잇을 붙였다. 그 포스트잇에는 각종 수학 공식과 영어 단어가 있었다. 아침에 화장실을 이용할 때 가장 집중이 잘되었기에 짧은 시간이라도 그렇게 활용했다.

그리고 어머니께서 만들어주신 김밥을 먹으면서 등교했다. 5시 30분 첫차를 타고 학교에 가면 6시쯤 도착했다. 그때부터 나는 수업이 시작하는 8시까지 영어 공부를 했다. 수업이 시작되면 수업에 충실했다. 그리고 매 수업 종료 후에는 전 시간에 배웠던 것 중 궁금한 것들을 선생님께 문의했다. 쉬는 시간이 10분으로 짧았다. 그래서 선생님을 따라다니면서 교실에서 교무실까지 복도를 걸으면서도 물어봤다.

직장을 다니는 지금 나는 고등학생 때와는 전혀 다른 상황에 있다. 하지만 고등학교 때 공부하는 습관이 쌓여서일까? 새벽에 일어나서 운동하는 습관, 방을 정리하는 습관 등 여러 가지 좋은 습관이 있다. 그런데 그중에서 제일은 바로 독서하는 습관이다. 나는 10년 동안 독서를 해왔다. 한 번 자리 잡은 독서 습관은 영원하다. 나는 언제 어디서든 펜과 형광펜을 들고 독서를 한다.

나의 하루 일과를 생각해보면 독서 습관이 잘 자리 잡힌 것을 볼 수 있다. 나는 아침에 5시 정도에 일어난다. 일어나자마자 독서를 한다. 비록 짧은 시간이지만, 김태광 작가의『김태광, 나만의 생각』이라는 책을 읽는다. 그리고 여백에 나의 생각과 느낀 점을 메모한다. 책을 보고 나만의 글쓰기 연습을 하는 것이다. 화장실에서 책을 읽기도 한다. 그리고 다시 책상에 앉아서 책을 읽는다. 이번엔 '부'와 관련된 책을 읽는다. 그리고 마찬가지로 여백에 메모를 한다. 그리고 책의 원고를 쓰다가 출근한다. 6시 40분에 집을 나선다. 집을 나서서 셔틀버스 정류장으로 간다.

6시 55분에 셔틀 정류장에서 회사로 가는 버스를 탄다. 보통 7시 10분에서 20분쯤 회사에 도착한다. 6시 55분부터 7시 20분까지 셔틀버스 안에서 책을 읽는다. 독서법 관련 다른 책들을 보면서 참고한다. 회사 일과를 마친 후 집에 돌아오는 셔틀버스에서도 책을 읽는다. 막힐 때도 있지만 보통 20-30분 정도 책을 읽을 수 있다. 그리고 집에 돌아와서 30분에서 1시간 정도는 꾸준히 책을 읽는다.

이렇게 10-20분 책을 읽는 습관이 지금의 나를 만들었다. 독서는 나의 의식을 지속적으로 확장시켜준다. 그리고 최근에는 이렇게 독서법에 관한 책까지 쓰게 해줬다. 책 읽는 작은 습관이 모여 결국 독서법 관련 책까지 쓰게 된 것이다. 예전의 내가 지금의 나를 본다면 어떻게 생각할까? 뭐라고 말할까? '에이, 거짓말! 니가 무슨 책을 써?'라고 말할 것이

다. 내가 봐도 믿기지 않는다. 하지만 난 책을 쓰고 있다. 그리고 작가가
되었다.

"습관이란 인간으로 하여금 어떤 일이든 하게 만든다." 도스토예프스
키의 명언이다. 그 어떤 일도 처음에는 작은 습관에서 시작된다. 그리고
그 작은 습관이 모여 큰일이 되는 것이다. 습관 중에서도 좋은 습관과 안
좋은 습관이 있다. 그리고 습관도 여러 가지 종류가 있다. 그중에 제일은
역시 독서 습관이다. 독서 습관은 절대 나를 배신하지 않는다. 꾸준한 독
서 습관은 나를 성장시켜준다. 이제 독서 습관을 길러보는 것은 어떨까?

03

독서는 미래를 위한 최고의 투자다

"훌륭한 책을 읽는 것은 거인들의 어깨 위에 앉아서 세상을 바라보는 것과 같습니다.
그 폭넓은 앎과 비범한 능력을 빌려 세상을 넓게 바라보고 이해할 수 있게 됩니다."
– 장석주

우리는 투자할 때 무엇을 생각하는가?

우리는 투자할 때 어떻게 하는가? 무엇을 보고 투자를 결정하는가? 투자할 만한 가치가 있는지 본다. 원금 대비 얼마나 내가 이익을 얻을 수 있을지를 본다. 그리고 위험성도 본다. 리스크가 얼마나 큰지를 본다. 즉, 위험성과 이익성 2가지를 본다는 것이다. 그래서 '하이리스크 하이리턴'이라는 말도 있다. 위험이 클수록 내가 얻는 이익도 크다는 법칙이다. 반대로 '로우리스크 로우리턴'이라는 말도 있다. 위험이 작을수록 내가 얻는 이익도 작다는 법칙이다. 결국 우리는 얼마의 위험성을 감수할 수 있고 얼마의 이익을 기대하는지에 따라 투자를 하는 것이다.

나는 지극히 위험을 회피하는 투자 성향을 가지고 있다. 왜냐하면 내가 얻는 것에 대한 기쁨보다 내가 잃는 것에 대한 두려움이 더 크기 때문이다. 당장 내 손에 있는 작은 돈을 잃는 게 그렇게 두려웠다. 그래서 어디든 투자할 때 안전성을 제1의 가치로 봤다. 절대 위험하다고 생각하는 주식은 하지 않았다. 왜냐하면 원금 보장이 되지 않기 때문이었다. 내 원금을 잃는 것이 두려웠다. 항상 안전한 은행 적금, 예금, MMF, CMA, 재형저축 등에만 돈을 묶어두었다. 그나마 투자를 해도 대부분 안전한 정부나 대기업 채권에 투자를 했다. 당연히 내게 돌아오는 이익은 작았다. 투자로 별로 이익을 얻지는 못했다.

2014년이었다. 처음 사회로 나와 직장인이 되었다. 나는 월급 관리에 관심이 컸다. 당시 받은 월급을 어디에 투자해야 하는지가 가장 큰 관심거리였다. 하지만 금융 분야에 대한 지식이 많지는 않았다. 아니 전혀 몰랐다고 보면 된다. 그래서 나는 금융계 여러 군데를 방문하면서 물어봤다. 무식하면 용감하다고 가서 이것저것 다 물어봤다.

제일 먼저 간 곳이 증권사였다. 지하철 수내역에 내리면 증권사가 하나 있다. 그곳에서 주식 등 여러 투자에 대해 들었다. 그리고 나는 CMA라는 통장을 선택했다. 하루 단위로 이자가 쌓이는 통장으로 원금을 잃을 가능성은 낮은 매우 안전한 방법이었다. 그리고 나는 보험을 하는 친구에게도 이것저것 물어보기도 했다. 당시 은행을 다니던 형에게도 이것저것 물어봤다. 그리고 은행에서 결국 가장 안정한 상품에 가입했다. 바로 재형저축이다. 2014년을 이후로 없어진 상품인데, 3년간 4.5%의 이자율이었다. 그때 가입하길 잘했다는 생각이 든다.

그 후 입사하고 4년차, 5년차가 되어가는 시점이었다. 나는 슬슬 차도 사고 싶었다. 사실 처음에는 2,500만 원 대 국내 준준형차를 사고 싶었다. 왜냐하면 가격도 적당하고 굳이 큰 차를 탈 필요가 없기 때문이었다. 그런데 주위에서 그럴 바에 500만 원 더해서 3,000만 원 정도의 중형차를 사라고 했다. 그래서 국내 중형차를 알아보는데 또 주위에서 500만 원 더해서 3,500만 원 SUV를 사라고 한다. 또 500만 원만 더해서 해외 중형차를 사라고 한다. 그렇게 500만 원씩 더해가다가 벤츠 e클래스까지 사고 싶은 마음이 들었다. 거의 6,000만 원 대였다. 2,500만 원 대 준준형차로 시작해서 성공의 상징인 벤츠까지 사고 싶은 생각이 든 것이다.

그리고 서울에 있지만 회사와 가까운 기흥이나 화성에 오피스텔이나 아파트도 사고 싶었다. 인간의 욕심은 끝이 없는 걸까? 양재에 살고 싶었다. 시세를 알아보니 5억에서 10억까지 다양한 집이 있었다. 어쨌든 큰 돈이 필요했다. 그렇게 생각하니 돈이 부족했다. 그래서 어디 좀 한방에 대박 나는 곳이 없는지 알아봤다. 지인들에게 알아보니 비트코인이라는 것이 있다고 들었다. 내가 하이리스크 하이리턴에 투자한 것이다.

첫 투자에 실패하다

나는 국내에서 사람들이 비트코인이라는 것을 잘 모를 때부터 투자했다. 2017년 초였다. 언론에서도 전혀 비트코인에 관한 이야기가 안 나왔다. 당시 비트코인 하나가 100만 원 정도 했다. 나는 내가 가지고 있던 모든 돈을 투자했다. 2,500만 원 투자했다. 전년도 회사에서 받은 모든 보너스를 비트코인에 투자했다. 나는 잘될 거라고 생각했다. 가상화폐의 가치를 보았던 것이다.

비트코인 하나에 100만 원이었던 가격이 점점 올라갔다. 300만 원, 500만 원, 1,000만 원까지 올라갔다. 신났다. 처음 투자에 이렇게 대박이 터질 줄 몰랐다. 그리고 결국 2,500만 원까지 올랐다. 25배나 가격이 오른 것이다. 지금 생각해도 가슴이 뛴다. 2,500만 원 투자해서 7.5억이 된 것이다.

나는 바로 양재의 5억 대 오피스텔과 1억 대 벤츠 S클래스를 사는 상상을 했다. 상상만으로도 행복했다. 이제 투자한 돈을 빼서 사기만 하면 된다. 벤츠 매장에 가서 견적도 받았었다. 나는 벤츠 S클래스를 스마트키로 열었다. 그런데 '삐빅' 하는 소리와 함께 벤츠가 터졌다. 무슨 말인고 하니. 투자한 비트코인 거래소가 해킹당한 것이다. 맙소사! 하늘이 무너지는 느낌이었다. 북한에서 해킹을 했다는 뉴스도 봤다. 군대에서 적화통일을 했어야 했는데 하며 얼마나 욕을 했는지 모른다. 시간이 지나도 실감은 나지 않았다. 왜냐하면 내 눈에 보이는 것이 아니라 가상화폐였기 때문이다. 사실 아직도 실감이 안 난다.

실패하지 않는 투자를 시작하다

투자란 미래 가치를 보고 하는 것이다. 당시 나는 비트코인의 미래 가치를 봤지만, 거래소 해킹으로 쓴맛을 봤다. 원금은 지키면서도 미래 가치가 확실히 보장되는 투자는 없을까? 그런 투자가 있으면 아마 모두 하겠지? 그런데 그런 투자가 있다. 바로 독서다. 독서는 원금을 지키면서도 미래 가치가 확실한 투자다. 나는 과감히 독서에 투자를 했다. 책은 항상 구매해서 봤다.

독서는 일단 원금이 손실될 가능성이 0%다. 독서의 원금은 나라는 존재이다. 내가 죽기 전까지는 절대 원금이 손실될 가능성은 없다. 게다가 독서를 하면 할수록 이익은 커진다. 세상에 대한 이치, 원리, 비법, 지혜 등 많은 것을 얻을 수 있기 때문이다. 나의 투자 성향 때문일까? 나는 독서가 최고의 투자라고 생각한다.

게다가 독서라는 투자는 시장의 변화와도 상관없다. 세계정세가 어떻게 변하든 전혀 상관없다. 환율에도 영향을 받지 않는다. 세상에서 가장 안정적인 투자인 것이다. 오로지 독서를 제대로 하느냐, 안 하느냐에만 영향을 받는다. 이런 최고의 투자가 어디 있을까? 그런데 우리는 왜 안 하는 것일까?

2019년 3월부터 나는 독서 투자에 올인하고 있다. 약 2개월간 구입한 책만 300권은 될 것이다. 발췌독으로 모두 읽고 있다. 차근차근 밑줄 치며 읽는다. 형광펜으로 중요한 부분을 표시하며 읽는다. 그리고 여백에 메모하며 읽는다. 시간이 무한정 있지 않은 나는 목차를 보고 필요한 부분만 발췌해서 읽는다. 독서 후에는 사색도 한다. 눈에 보이지 않지만 조금씩 매일 성장하고 있다. 나의 지혜가 쌓이고 있다. 나의 미래 가치가 점점 높아진다. 원금도 잃지 않고 이익률은 시간이 갈수록 점점 커진다.

세상에 어떤 투자가 가장 최고의 투자일까? 하이리스크 하이리턴과 로우리스크 로우리턴이 정석이다. 하지만 제로리스크 하이리턴인 투자 상품이 있다면 투자해야 하지 않을까? 원금은 절대 잃지 않으면서 할수록 이익률은 높아지는 상품이 바로 독서다. 독서가 최고의 투자다. 이제 미래를 위해 나 자신에게 투자하자. 나라는 원금에 지혜라는 이익이 지속적으로 쌓인다. 나의 미래 가치가 올라간다.

독서를 위한 정소장의 시간 관리 전략
10 - 고3 시절 쉬는 시간 활용하기!

학교에서 수업 사이사이에 10분씩 쉬는 시간이 있다. 그런데 이 쉬는 시간에 진짜 쉬기만 하는 학생들이 있다. 나는 10분도 아까웠고 그 시간에 가장 효율적으로 할 수 있는 방법을 찾았다. 10분 동안 복습 예습하는 것은 아니었다. 복습 예습은 야간 자율학습 시간에 하면 되었다. 나의 고3 시절에는 거의 의무로 학교에서 야간 자율학습을 했기 때문에 나는 중간중간에 있는 시간을 가장 효율적으로 사용하기 위해 과목별 선생님들에게 질문을 했다. 사실 학교 선생님들은 몇 년간 해당 과목을 연구한 분들이다. 그 분야의 고수가 틀림없다. 그래서 모르는 문제를 해당 과목별로 질문했다. 이렇게 되면 선생님들이 질문하는 나를 예뻐해준다. 그리고 생물학적으로 자주 보면 예뻐해줄 수밖에 없다. 자주 보면 친근해진다. 더 잘해주고 싶어진다.

독서가 최강 스펙이다

"책을 읽는 것은 자신의 미래를 만드는 것과 같다."
– 랄프 왈도 에머슨

스펙이 온통인 세상

대한민국 대부분의 사람은 취업을 위해 스펙을 쌓았다. 학력, 학점, 각종 자격증, 대내외 활동 등. 이렇게 열심히 스펙을 쌓고 취업을 한다. 그런데 취업 이후에도 여전히 스펙 쌓기 열풍이다.

나는 2019년 4월 28일 매일경제 디지털뉴스국의 "직장인 10명 중 7명 '취업해도 스펙 쌓기 계속'" 기사를 봤다. 이 기사에 따르면 직장인 10명 중 7명이나 여전히 취업 후에도 스펙을 쌓는다고 한다. 주위를 봐도 스펙을 쌓는 직장인이 많다는 것을 알 수 있다. 대기업에 다녔던 친구 K는 K대 MBA를 다니고 다른 친구 A도 S대 공대 석사 학위 취득을 위해 주말을 반납한다.

여전히 스펙이라는 굴레를 벗어나지 못하고 있다. 최종 학력이 학사인 직장인들은 석사 학위를 취득하기 위해 학교를 다닌다. 최종 학력이 석사인 직장인들은 박사 학위를 취득하기 위해 학교를 다닌다. 뿐만 아니라 영어, 중국어 회화 등급 취득을 위해 시간과 비용을 투자하고 있다. 게다가 각종 자격증을 취득하기도 한다. 그런데 그런 것이 과연 평일 퇴근 이후, 주말 시간에 비용을 투자해서 쌓을 만한 스펙일까? 스펙을 더 쌓으면 과연 우리의 인생이 비약적으로 성장할까? 나의 삶이 더 나아질까? 글쎄 스스로 질문을 해봐야 한다.

곰곰이 생각해보자. 최종 학력이 학사에서 석사가 되면 무엇이 달라질까? 단순히 최종 학력을 한 단계 높이기 위해 취득한 것은 아닐까? 나의 실력은 정말 석사, 박사만큼 높아졌을까? 외국어 회화 등급은 어떤가? 단순히 영어와 중국어 회화 최고 등급을 취득하는 것은 아니었을까? 진짜 나의 영어, 중국어 회화 실력은 늘었을까? 외국인들과 비즈니스를 할 수 있을까? 자격증은 어떤가? 과연 그 자격증을 가지고 있다고 해서 내 실력이 전문가 수준으로 향상했을까?

나도 한때 '스펙을 더 쌓아야 하나?'라는 생각에 매달리던 시절이 있었다. 비록 서울대를 졸업했지만 나도 '내 업무 분야에서 석사 학위를 취득하면 어떨까'도 생각했다. 'HR 석사나 교육학 석사를 취득해야 되나?' 하고 생각했다. '박사를 취득하면 내 삶이 더 나아지지 않을까?'라고 생각했다. 구체적으로는 '탄소 배출권 분야에서 박사 학위를 취득하고 해당 분야의 권위자가 되면 내 삶이 달라지지 않을까?'라고 생각한 적도 있었다. 이런 학위들을 취득하는 데 많은 시간과 비용이 든다. 본인 하기 나름이겠지만 보통 석사 학위 취득에는 2년, 박사 학위 취득에는 최소 4년 정도 걸린다.

그리고 나는 각종 어학 자격증을 취득하기 위해 노력했다. 왜 취득해야 되는지에 대해서는 생각하지도 않았다. 무작정 중국어를 공부했다. 그냥 중국어 공부가 필요할 것 같았다. 주말이면 강남의 중국어학원에 가서 공부했다. 그리고 영어도 공부했다. 온라인 강의도 들었다. 중국어처럼 강남의 어학원에 가기도 했다. 뿐만 아니라 TESOL이라는 자격증도 취득했다. TESOL이라는 자격증은 모국어가 영어가 아닌 사람들에게 영어를 가르칠 수 있다고 인증해주는 자격증이다.

각종 스펙은 꾸준히 생겨난다. 자격증들도 계속 생겨난다. 스펙을 쌓는 것도 좋지만 스펙을 쌓아도 정말 내 인생에 도움이 되는지 생각해보고 쌓아야 한다. 단순히 눈에 보이는 것에 현혹되어 의미 없는 스펙을 쌓는 것은 아닐지 질문해봐야 할 일이다. 우리는 눈에 보이는 것만 보려 하고 귀에 들리는 것만을 들으려 한다. 당장 손에 잡히는 것만 잡는 것이다. 하지만 당장 손에 잡히는 것만 잡으려 하면 지금 현재만 살아가게 된다. 우리는 보이지 않는 것을 볼 수 있어야 한다. 그리고 들리지 않는 것을 들을 줄 알아야 한다. 즉 아무나 볼 수 없는 가치를 볼 줄 알아야 한다는 것이다.

아무나 볼 수 없고 들을 수 없는 가치를 어떻게 보고 들을 수 있을까? 형체가 없어 볼 수 없고 들을 수 없는 것은 보이지 않는 능력으로 봐야 한다. 책을 읽을 때 보이지 않는 것을 볼 수 있는 능력이 생긴다. 안 들리는 것을 들을 수 있는 능력이 생긴다. 이 능력이 보이지 않고 들리지 않는 가치를 찾아낼 수 있다. 그리고 그때 발견한 그 가치가 나를 한 단계 성장하게 한다.

영원한 스펙을 쌓다

나는 작년 가을 OPIc 시험을 봤다. 왜냐하면 기존에 가지고 있던 자격증이 만료되었기 때문이다. 그 자격증을 취득하기 위해 영어 강사에게 특강도 들었다. 그리고 지문을 외웠다. 지문을 외우고 시험을 치렀다. 처음에 IM2라는 등급이 나왔다. 그래서 한 번 더 봤다. 최소 IM3가 나와야 했다. 다음에 다행이 IH라는 더 높은 등급이 나왔다. '아, 이제 또 2년은 OPIc을 안 치러도 되겠구나.' 하며 안도의 한숨을 쉬었다. 참고로 OPIc 등급은 AL, IH, IM3, IM2, IM1순으로 등급이 낮아진다.

나는 OPIc이라는 영어 회화 자격증을 일정 주기가 되면 매번 새로 시험을 본다. 왜냐하면 등급을 인정해주는 일정 기간이 있기 때문이다. 주관처에서 OPIc 등급이 2년이 지나면 무효처리한다. 유효기간이 있다는 것이다. 스펙은 유효기간이 있다. 그 유효기간이 지나면 아무 쓸모없는 자격증이 된다. 어학 자격증만 봐도 그렇다. 어학 자격증은 그저 남이 인정해주는 자격증이라서 남이 인정하지 않으면 아무 쓸모가 없어진다.

이렇게 스펙은 보통 유효기간이 있다. 그래서 일정 주기가 되면 다시 취득해야 한다. 영원하지 않다는 것이다. 영원하지 않은 것을 취득하기 위해 비용과 시간을 투자한다. 일정한 주기마다 투자한다. 이런 스펙 쌓기는 밑 빠진 독에 물 붓는 격이다. 아무리 비용과 시간을 투자해도 계속 새어나간다.

하지만 독서로 얻게 된 깨달음과 지혜는 유효기간이 없다. 영원하다. 게다가 축적된 지식과 노하우는 점점 더 가치가 높아진다. 오히려 지혜는 오래될수록 나에게 깊은 깨달음을 준다. 완벽한 항아리에 계속해서 물을 붓는 것이라고 할 수 있다. 그리고 안에 있는 물이 필요할 때마다 적재적소에 활용할 수 있다.

가만 보면 스펙은 다 주관처가 있다. 스펙을 발급하는 협회나 단체가 있다는 것이다. 그런데 문제는 발급처에서 인정해주지 않으면 스펙은 그냥 종이 쪼가리가 되는 것이다. 도대체 왜 우리는 남이 인정해주는 스펙에 목을 매야 할까? 이제 우리 자신이 발급하는 스펙을 쌓으면 안 될까?

우리 자신이 인정해주는 스펙은 무엇일까? 그것이 바로 독서다. 책을 읽는 것은 나다. 독서를 통해 깨달음을 얻는 것도 나다. 깨달음을 내 삶에 적용하고 활용하는 것 역시 나다. 주관처가 나다. 내가 발급하는 스펙이다. 내가 발급하는 스펙은 나만이 가질 수 있는 고유한 가치다. 게다가 내가 그 가치를 정한다. 그리고 내가 살아 있는 한, 그 가치는 영원하다.

아직도 우리는 영원하지 않은 스펙을 갖기 위해 시간과 비용을 투자하고 있지 않은가? 도대체 언제까지 남이 인정해주는 스펙에 얽매여 있을 것인가? 그 스펙들은 언젠가 그 가치가 사라진다. 언제까지 그 스펙을 취득하기 위해 시간과 비용을 투자할 텐가? 이젠 내 자신이 발급하는 스펙을 쌓아보자. 내가 필요한 스펙을 내가 정의해보자. 내가 책을 읽고 얻은 지혜들에 가치를 부여해보자. 그 가치는 영원한 것이 된다. 독서가 최고의 스펙이다.

05

독서로 내 안에 잠든 거인을 깨워라

"독서가 내 인생을 바꿨다."
– 오프라 윈프리

나의 가치는 돈으로 바꿀 수 없다

아직 취업을 안 한 동생 H가 며칠 전 나에게 면담 요청을 했다. 도대체 어떻게 살아야 되는지 모르겠다고 했다. 그저 미래가 불안하다고 했다. 그는 베트남에서 유튜버로 인지도가 상당히 높다. 지나가기만 해도 다들 알아본다고 한다. 하지만 생계 수단을 아직 찾지는 못했다. 여러 해 동안 취업을 못 해서 자존감도 많이 낮아진 상태였다.

또 친구 R은 직장 생활을 하고 있다. 선배, 동료, 후배들이 봐도 정말 일도 잘하는 친구다. 그런데 여전히 앞날에 대해 불안해한다. 끝없는 경쟁, 보장되지 않은 미래가 불안하다고 했다.

나는 그 두 사람에게 같은 질문을 했다. '네가 생각했을 때 너의 몸값은 얼마니?' H는 0원이라고 했다. R은 몇천만 원 정도라고 했다. 둘 다 연봉을 염두에 두고 답했다. 그래서 다시 10억 줄 테니 심장을 팔겠냐고 물었다. 둘 다 아니라고 했다. 100억에도 1,000억에도 심지어 1조에도 팔지 않는다고 했다. 심장을 팔면 죽는데 어떻게 파냐고 되물었다. 그래서 나도 이야기했다. 지금 너가 생각하는 그 느낌이 너의 가치라고. 둘 다 고개를 끄덕였다.

우리는 우리의 가치를 모르고 살아간다. 우리는 모두 엄청난 가치를 지닌 존재들이다. 돈으로 감히 따질 수도 없고 비교할 수도 없다. 아무리 많은 돈을 준다고 해도 우리 자신과 맞바꾸겠다는 사람은 아무도 없다. 우리는 무의식적으로는 우리가 가치 있다고 생각한다. 그런데 의식하기 시작하면 우리의 가치를 딱 내가 버는 연봉 수준으로 생각한다. 어쩌면 우리는 우리의 가치를 연봉으로 한정짓고 살아갈지도 모른다. 그리고 내 가치는 연봉 정도라고 생각하며 생을 마감할지도 모른다.

우리는 우리가 생각하는 것보다 훨씬 더 가치 있는 존재다. 우리는 무엇이든 할 수 있고 무엇이든 될 수 있다. 단지 아무도 알려주지 않았거나 깨닫지 못해서 모를 뿐이다. 나는 내가 얼마나 가치 있는 사람인지 독서를 통해 알게 되었다. 여태까지 사회라는 틀 안에서 나를 규정하고 진짜 나를 보지 못했을 뿐이었다.

나는 네빌 고다드의 책을 읽으면서 나의 가치가 엄청나다는 것을 알게 되었다. 지금은 나에 대한 확신과 믿음으로 나의 꿈을 향해 하루하루 걸어가고 있다. 사실 고등학교 시절부터 상상하면 현실이 된다는 생각은 하고 있었다. 고등학교 시절 우연히 민성원의 『민성원의 공부원리』라는 책을 봤는데 그 책을 보면서 상상하면 이루어진다는 생각을 했다. 대학교 때 론다 번의 『시크릿』을 읽고도 막연히 상상하면 이루어진다는 생각을 가지고 했다.

그리고 직장인인 지금 네빌 고다드의 『믿음으로 걸어라』라는 책을 읽었다. 단순히 눈으로만 읽는 것이 아니라 메모하고 밑줄 긋고 읽었다. 책을 읽고 나서는 사색을 했다. 그의 책을 읽고 나는 진정한 의식 확장을 하게 되었다. 의식이 전부고 성공과 실패도 모두 의식에 달려 있다는 강한 믿음을 갖게 되었다. 이제 누가 뭐라고 해도 믿음과 확신으로 걸어나갈 수 있게 되었다.

한때 내가 책을 쓴다고 부모님께 넌지시 말한 적이 있다. 부모님께서는 이렇게 말씀하셨다. "책이란 건 열심히 살아서 성공한 다음에 써야지. 지금 쓴다고 해도 누가 읽어주니?" 친구들에게 말해도 돌아온 대답은 이랬다. "네가 쓸 내용이 뭐가 있냐? 기껏해야 공부한 거? 취업한 거? 누가 읽어주냐, 그 책을." "책이 무슨 인스턴트냐? 3년은 걸리지 않겠어?" 나 역시 내가 책을 쓸 수 있을 거라고는 생각하지 못했다. '글쓰기조차 제대로 배운 적 없는 이공계 학생이 무슨 책을 쓰겠나.'라고 생각했다. '일반 직장인이 무슨 필력이 있다고 책을 쓰겠어.'라는 생각도 했다. 돌이켜보면 내가 스스로 한계를 짓고 있었던 것이다.

거인이 깨어나 책을 쓰기로 마음먹다

그러던 내가 책을 쓸 수 있다는 생각을 확고하게 한 계기가 있다. 바로 책 읽기다. 나는 독서를 시작으로 내 안의 잠든 거인을 깨웠다. 2019년 2월까지만 해도 내가 책을 쓸 수 있을 거라고 생각 안 했다. 아니 사실 정확히 말하자면 책은 성공한 사람만이 쓸 수 있는 고유하고 성스러운 것이라고만 생각했다. '나중에 막연히 성공하면 책 한 권 쓰고 싶다.'라고 생각할 뿐이었다. 그러던 내가 2019년 3월 〈한책협〉의 김도사님을 알게 되었다.

김도사님의 책을 읽었다. 집필한 200여 권의 책 중 책 쓰기 관련된 책을 읽었다. 책의 내용 중 한 구절을 보고 충격을 받았다. "성공해서 책을 쓰는 것이 아니라 책을 써서 성공하는 것이다." 내안의 거인이 깨어나는 순간이었다. 무언가 내 안의 강한 기운이 느껴졌다. 그리고 '나도 할 수 있다.'라는 생각이 마구 솟구쳤다. '나는 안 될 거야.'라고 생각하고 있던 내 안의 작은 메뚜기를 죽였다. 깨어난 거인은 메뚜기를 밟아 죽였다. 그리고 이내 '나는 할 수 있다.'라는 생각을 갖게 되었다. 한 치의 의심도 없어졌다. 책을 쓰기 시작한 지 약 2주가 지났다. 나는 꿋꿋이 썼고, 벌써 책의 5번째 장을 쓰고 있다.

내가 알고 있는 지인 중에 내 덕택에 잠들고 있던 거인을 깨운 친구가 있다. 2012년 내가 독서를 미친 듯이 하던 시절의 나는 제대로 된 독서법을 몰랐다. 그래서 무작정 책을 읽기 시작했다. 양으로 승부를 보려 했다. '이렇게 읽다 보면 언젠간 독서의 질도 높아지겠지.'라는 생각을 했다.

나의 그 모습을 보고 친구 J가 물었다. 도대체 왜 그렇게 책을 읽냐고. 나는 책 읽어야 성공한다고, 성공한 사람들 중에 책 안 읽은 사람 봤냐고, 네가 어떤 분야에 있든 성공하고 싶으면 책을 읽으라고 말했다. 생각해보면 당시 나는 성공한 사람이 아니었지만 너무나 당당하게 말했다. 그리고 그 모습에 감명을 받았기 때문일까? 그 친구도 나를 따라 엄청나게 많은 독서를 시작했다.

사실 J는 본인은 지방대라서 자신에게 비전이 없다는 생각을 했다. 자신은 잘 안될 거라는 생각을 했다. 자존감이 매우 낮았다. 그리고 J는 군대에 오랫동안 있을까도 고민했다. 사회에 나와서 본인이 할 수 있는 것이 제한적일 것이라고 생각했다. 하지만 독서를 통해 변했다. 할 수 있다는 생각을 하게 되었고, J는 점차 자신감 있는 모습으로 바뀌었다.

우리는 수많은 자기계발서를 읽기 시작했다. 그러던 중 앤서니 라빈스의 『네 안의 잠든 거인을 깨워라』라는 책을 읽었다. 그리고 우리 둘 다 미친놈처럼 책을 더 읽었다. 지금 그 친구는 보험 영업을 한다. 2014년부터 했으니 벌써 햇수로만 6년째다. 독서의 영향일까? J는 보험 업계에서 여러 번 상을 받았다고 한다. 독서를 통해 성장한 것이다.

주위에 보험 영업을 시작한 친구들이 많다. 다들 처음 1–2년까지는 열심히 하지만 5년 이상 하고 있는 친구는 J가 유일하다. 그리고 심지어 잘하고 있다. 구체적으로 말할 수는 없지만 연봉도 상당히 높은 것으로 알고 있다. 그는 고객을 만날 때마다 지금의 자신을 있게 한 것은 독서라고 소개하고 이야기를 나눈다고 한다. 그 친구도 본인 안에 있던 거인을 깨운 것이다.

우리는 종종 이런 생각을 한다. '난 안 될 거야, 난 글러 먹었어.' 나의 가치를 아직 모르기 때문에 이런 이야기를 할 수 있다. 하지만 세상 모든 일이 마음먹기에 달렸다. 나의 의식에 달렸다. 내가 안 된다고 생각하면 당연히 안 된다. 반대로 내가 된다고 생각하면 당연히 된다. 이 의식의 전환은 오로지 독서를 통해 가능하다. 나의 생각을 부정적인 생각에서 긍정적인 생각으로 바꾸는 것은 독서의 힘이다. 당신 안에 아직 작은 메뚜기가 있다. 그 메뚜기를 밟아 죽이자. 잠들어 있는 거인을 독서를 통해 깨우자. 당신도 거인이 된다.

독서를 위한 정소장의 시간 관리 전략
11 - 군 생활 중 새벽 시간을 이용해서 책 읽고 영어 공부했다

　나는 일산에서 군 생활을 했다. 그 시절 새벽 4시에 일어나서 책을 읽었다. 이것은 산으로 훈련을 가서도 지켰다. 새벽 4시에 일어나서 2시간 동안 책을 읽었다. 그리고 부대원들을 깨우고 아침 훈련을 시작했다. 이런 습관이 배어 있던 덕분일까? 군대 제대하기 전에는 취업 준비하기 위해 4시에 일어났다. 당시 영어 회화 자격증을 취득하기 위해 매일 새벽 4시에 일어나서 영어 공부를 했다. 그 결과 지금 일상회화는 무리 없이 할 수 있는 수준이 되었다.

　사실 서울대라고 하면 다 영어를 잘할 거라고 생각하지만 대부분의 이공계 대학생들은 영어를 잘하지 못한다. 나도 처음 영어 연습을 할 때 엄청 충격을 받았다. '나는 오늘 아침에 운동했어.'라고 말하고 싶은데 'I'밖에 생각이 안 나는 것이다. 분명히 '운동하다'를 말해야 되는데 생각이 안 났다. 'exercise'라는 단어를 보면 '운동하다'라고 안다. 하지만 실제로 말하려고 보니 떠오르지 않았다. 그러나 군대 생활하는 동안 새벽 4시에 일어나서 영어 회화를 한 덕분에 지금은 일상생활 영어는 자유롭게 할 수 있게 되었다.

독서로 꿈을 디자인하라

"나의 과거는 결코 바꿀 수 없지만, 오늘 내 행동을 바꿈으로써
내 미래를 바꿀 수 있다. 나는 오늘 당장 내 행동을 바꾸겠다."
– 솔로몬

꿈꾸는 대로 이루어진다

"상상력이 지식보다 중요하다. 지식은 한계가 있지만, 상상력은 세상을 품고도 남는다." 아인슈타인의 명언이다. '상상력은 세상을 품고도 남는다.'라는 것은 무슨 의미일까? 바로 세상을 바꾸고 미래를 바꾼다는 말이다. 상상한다는 것은 다른 말로 하면 꿈을 꾼다는 것이다. 우리는 꿈을 꾸면 그 꿈이 이루어진다는 것을 안다. 먼 곳에서 찾을 필요가 없다. 위대하거나 유명한 사람을 찾을 필요도 없다. 영화만 봐도 상상하고 꿈꾸었던 것이 이루어진 것을 알 수 있다.

예전의 영화들을 보면 대부분 그 당시 꿈꾸었던 것들이 우리 앞에 있다는 것을 알 수 있다. 1969년에 미국이 달 착륙에 성공했다. 그런데 이

미 1902년에 〈달세계 여행〉이라는 영화에서 감독은 달에 가는 꿈을 꿨다. 영화에서 이미 달에 가는 장면을 촬영한 것이다. 게임할 때 자주 사용하는 태블릿 PC가 있다. 이미 그것도 2001년에 〈스페이스 오디세이〉라는 영화에서 감독이 꿈꿨다. 어디 이뿐인가? 스마트폰은 1966년 〈스타트렉〉 시리즈에서 영화 속에 이미 나왔다. VR은 이미 1989년 〈백 투 더 퓨처 2〉에서 나왔다.

영화감독들이 꿈꾸었던 것이 모두 이루어졌다. 그런데 신기한 것은 감독들은 그 기술을 제작하는 데 직접적인 영향을 끼치지는 않았다는 것이다. 그저 상상했다. 그리고 다른 기술자들이 감독들이 꿈꾼 것을 만들었다. 남이 꿈꾸었던 것도 세상에 나오게 된다. 그런데 내가 상상하고 꿈꾸는 것은 어떨까? 남이 꿈꾸는 것보다 더 빨리 세상에 나온다. 내가 꾸는 꿈은 더 빨리 이루어진다.

나의 꿈을 디자인하다

나는 독서하면서 항상 꿈꿔왔다. 이 글을 읽는 사람들도 깜짝 놀랄 만한 사실이 있다. 나는 이미 책을 쓰는 것을 나의 공저 『보물지도 17』에 적었다. 그 책에 5가지 꿈을 적었다. 그 중 첫 번째 꿈은 벌써 이루어졌다. 진짜인지 아닌지 궁금한 독자분들은 공저 『보물지도 17』을 사서 보길 바란다. 혹은 나의 네이버 카페 〈한국위닝독서연구소〉의 나의 소개란을 보자. 내가 책에 써놓은 꿈이 아래와 같은지 아닌지 확인해보라.

첫 번째, 베스트셀러가 되어 교보문고 강남점에서 저자 사인회하기

1) 나는 2019년 4월 29일 월요일, 출판사에 투고한다.

2) 나는 2019년 5월 27일, 나의 책을 출간한다.

3) 나는 2019년 6월 24일 월요일, 베스트셀러 작가가 된다.

4) 나는 2019년 6월 28일 금요일, 교보문고 강남점에서 베스트셀러 작가 사인회를 한다.

두 번째, 전국의 중·고등학교에서 동기부여 강연하기

나는 고등학교 시절, 대학교 시절, 군인 시절에 이미 강연의 경험이 여러 번 있다. 그때마다 나는 강연을 하면서 살아 있음을 느꼈다. 그리고 나는 강연을 통해 대중에게 동기를 부여해주는 것이 기뻤다. 나는 베스트셀러 작가가 되어 전국의 청소년들에게 동기부여 강연을 하는 꿈을 꾼다. 나는 스피치 코칭도 받아 정말 세계 최고의 동기부여 강연가가 되는 꿈을 꾼다.

세 번째, 베트남, 중국, 일본, 대만에서 베스트셀러 판권 계약하기

이제 책 한 권 쓰기 시작한 작가가 이런 꿈을 꾼다. 아마 다 미친놈이라고 할 것이다. 맞다, 나는 미친놈이다. 상식선에선 불가능해보이는 꿈을 꾼다. 셰인 스노의 『스마트컷』에 따르면, 이런 목표는 상식선에서 도전하려고 하면 안 된다. 차근차근 사다리를 타고 올라가는 방법을 사용하면 안 된다. 사다리 옆에서 치고 들어가는 수평적 사고를 통해 목표를 달성

해야 한다. 나는 분명히 해외 출판 계약을 따낼 수 있을 것이라고 생각한다. 어떻게? 〈한책협〉의 김도사님이라는 스마트컷이 있기 때문이다. 나는 또 꿈을 꾼다. 나의 책이 베트남, 중국, 일본, 대만에서 베스트셀러가 되어 판권을 계약하는 꿈을.

네 번째, 전 세계 청소년 리더십 콘퍼런스 개최하기

나는 대학교 시절 서울대학교 청소년 리더십 콘퍼런스라는 것을 운영했다. 이 콘퍼런스를 하면서 정말 학생들이 미래라는 것을 알았다. 그리고 이 세상은 지금의 청소년들이 바꿔가는 것이라는 것을 알게 되었다. 10년 혹은 20년 뒤 사회 리더가 될 청소년들의 의식이 변해야 한다고 생각한다. 지금은 국가의 경계가 점점 모호해지는 시대다. 그러므로 이제 우리나라의 청소년들만 변해서는 안 된다. 전 세계 청소년들이 모두 변해야 한다. 나는 꿈꾼다. 전 세계 청소년 리더십 콘퍼런스를 개최하는 꿈을. 그리고 그들이 전 세계에 선한 영향력을 미치는 상상을 한다. 아, 이미 이루어졌다.

다섯 번째, UN에서 평화 연설하기

내가 무엇을 좋아하는지, 무엇을 할 때 행복한지 모르던 시절이 있었다. 하루하루 괴로웠다. 비록 물질적으로 먹고살 만했지만, 정식적으로 괴로웠다. 무엇인가 결핍을 느꼈다. 그러나 나는 내가 무엇을 좋아하는지 이제 알게 되었다. 나는 성공할 수밖에 없다. 왜냐하면 〈한책협〉의 김도사님을 알게 되었기 때문이다. 나는 김도사님 덕분에 책을 쓰게 되었다. 책을 쓰면서 나와 내가 좋아하는 일이 무엇인지 알아가고 있다. 그리고 결국 좋아하는 일을 하게 될 것이다. 또한 나는 진정성 있게 대중과 성장하며 성공할 것이다. UN에서 평화연설 하는 것을 꿈꾼다.

첫 번째 나의 꿈이 이루어지면 두 번째 꿈은 당연히 이루어진다. 그리고 나머지 세 개의 꿈은 지금 당장 이루어질 수 있는 꿈들은 아니지만 내가 평생 책을 읽고 쓰고 강연하고 코칭한다면 반드시 이루어진다고 믿는다. 아니 확신한다. 이미 나는 꿈이 이루어진 것을 상상한다. 꿈꾼다. 이루어질 수밖에 없다. 영화감독들이 꿈꾸는 것들도 이루어지는데 내가 내 꿈을 꾸는 게 안 이뤄지는 게 더 이상하다.

나는 이렇게 독서를 시작으로 꿈을 꾸게 되었다. 그럼 꿈은 어떻게 계속 꿀 수 있을까? 꿈은 상상해야 꿀 수 있다. 머릿속으로 계속 상상해야 한다. 그럼 상상을 어떻게 할 수 있을까? 독서를 통해 상상을 할 수 있다. 상상은 기존에는 없던 새로운 생각이라고 할 수 있다. 이 새로운 생각은 어디서 나올까? 갑자기 하늘에서 '뚝' 하고 떨어질까? 아니면 머릿속에서 번뜩이며 나올까?

새로운 생각은 어딘가에서 갑자기 생기는 것이 아니다. 기존의 생각에 나의 생각을 더할 때 생각이 생긴다. 기존의 생각은 바로 책에서 얻을 수 있다. 결국 책을 읽어야 상상력을 기를 수 있다는 것이다. 책을 읽어야 꿈을 꿀 수 있다. 그리고 꿈을 꾸면 결국 이뤄진다. 이제 독서로 꿈을 디자인해보자. 디자인하면 내 앞에 나타난다.

07

이제 독자에서 저자가 되어라

"글을 쓰면서 우리는 더 이상 자신에게 머물 필요가 없다."
– 귀스타브 플로베르

나도 할 수 있다

지금보다 더 나은 사람이 되려면 어떻게 해야 될까? 바로 생각을 바꿔야 한다. 그럼 생각의 수준을 비약적으로 높이려면 어떻게 해야 할까? 그것은 바로 받는 사람에서 주는 사람으로 변하는 것이다. 받는 사람일 때 생각하지 못하는 것들을 주는 사람이 되면 생각할 수 있게 된다. 받는 사람은 그저 받는 것 자체만 생각할 수밖에 없다. 그러나 주는 사람이 되면 여러 가지를 고민하고 생각하게 된다.

학생에서 선생님이 되면 생각의 수준이 달라진다. 학생 때는 교과서를 외우고 문제를 맞힐 생각만 한다. 선생님들은 지식적인 측면은 이미 다 알고 있다. 그들은 어떻게 하면 효과적으로 가르칠 수 있을지를 생각한다. 선생님이 되면 생각하는 관점 자체가 달라진다. 그뿐인가? 그저 우리가 연애할 때만 생각해도 그렇다. 선물을 받을 때는 그저 받은 선물 자체만 생각하게 된다. 그러나 선물을 줄 때는 많은 생각과 고민을 하게 된다. 언제 줄지, 어떤 선물을 줄지, 어디서 살지 등 선물 자체가 아닌 그 이상의 것을 생각하게 되는 것이다.

그렇다면 책을 받는 사람에서 주는 사람이 되면 어떻게 될까? 책을 읽는 사람에서 책을 쓰는 사람으로 바뀐다면? 그렇다면 도대체 얼마나 많은 것들이 바뀔까? 그런데 한편으로 걱정이 된다. 내가 과연 저자가 될 수 있을까? 저자는 아무나 되는 것이 아니잖아? 나는 필력이 없는데? 나는 글을 한 번도 써본 적이 없는데? 나는 글쓰기 전문가도 아닌데? 나 역시 두려웠다. 나는 글쓰기 한 번 한 적 없는 이공계 대학을 졸업했다. 게다가 단 한 번도 글쓰기를 해본 적이 없었다. 그 흔한 논술학원도 다닌 적이 없었다. 그런데 이렇게 작가가 되었다.

누구든 책을 쓸 수 있다. 내가 알고 있는 가장 충격적인 작가가 있다. 바로 이순희 작가다. 그녀는 『나는 동대문시장에서 장사의 모든 것을 배웠다』라는 책을 썼다. 책을 쓸 당시 작가님의 나이는 73세였다. 그녀가 과연 글쓰기 전문가였을까? 아니다. 그녀는 줄곧 동대문에서 스카프 장사를 해왔고, 60세까지 학력은 초졸이었다. 동대문에서 계속 장사만 했던 것이었다. 과연 이 작가님이 작가가 되기 전에 글쓰기를 배웠을까? 절대 배웠을 리 없다. 하지만 책을 썼다. 그것도 73세의 나이에.

지금 이 글을 읽는 독자분들도 생각했을 것이다. 나는 저자가 될 수 없다고. 하지만 우리 모두 작가가 될 수 있다. 이순희 작가님보다 나이가 어리지 않은가? 60세 이하라면 도전해볼 만하지 않을까? 그리고 학력 관련해서 초졸은 요즘 없지 않은가. 이 책을 보는 독자분들 역시 100% 책을 쓸 수 있다. 왜냐하면 책은 나의 경험과 생각이 담겨 있는 것이기 때문이다. 인생을 살아가면서 우리는 모두 이야기할 만한 경험이 있고 생각이 있다. 경험하고 생각하고 경험하고 생각한다. 경험과 생각이 뫼비우스의 띠처럼 순환한다. 경험만 계속하고 생각만 계속하는 사람은 없다. 누구든 경험을 하면 생각을 하게 마련이다.

"너 자신을 알라." 소크라테스의 명언이다. 소크라테스가 누구인가? 전 인류를 통틀어 현자라고 불리는 사람이다. 그런 그가 말했다. 너 자신을 알라고. 간단한 문장 같지만 정말 어려운 것이다. 내가 누군지 아는 것은 어렵다. 오죽하면 소크라테스는 이렇게 말했을까? 그는 자신이 다른 철학자들보다 나은 점이 있다고 했다. 그것은 자신이 아무것도 모른다는 것을 잘 알고 있다는 것이다.

나는 나를 잘 알 것 같지만, 절대 그렇지 않다. 나 자신을 알려면 정말 치열하게 자신에 대해 고민해야 한다. 단순히 나의 성격, 성향, 태어난 곳과 같이 이런 단편적인 것을 아는 것이 아니다. 이런 단순한 차원을 넘어서 근원적으로 내가 누구인지에 대해 알아야 한다. 그러려면 무수히 많은 질문을 해야 한다. 바로 소크라테스처럼 말이다.

그런데 평생 내가 누구인지 모르고 살아가는 사람들이 많다. 그래서 요즘 그렇게 육아만 했던 중년의 엄마들이 우울증에 빠지지는 것이다. 누구 엄마, 누구 아내로만 살아왔기 때문이다. '나'는 '나' 자신이어야 한다. 60억 인구 중에 나는 특별하다. '나'밖에 없다. '나'를 대체할 사람은 없다. 나의 가치는 정말 귀하다.

그런데 아무리 알고 싶어도 내가 누구인지 알기란 정말 어렵다. 내가 누구인지 모르고 살아가는 사람들에게 물어보면 이렇게 대답한다. "모른다, 알아서 뭐하냐, 먹고살기만 하면 된다, 그게 중요하냐?" 등의 대답을 한다. 그런데 저자가 되면 내가 진짜 좋아하는 것이 무엇인지 명확하게 알 수 있게 된다. 내 안의 진짜 나를 만날 수 있다는 것이다. 더 구체적이고 명확하게 나를 알 수 있게 된다.

독서의 끝은 책 쓰기다

바로 내가 그랬다. 특히나 2018년은 내 인생에서 최악의 시기였다. 2018년까지 나의 삶을 돌아봤다. 남들이 보기에 대한민국에서 소위 엘리트라고 불리는 삶을 살고 있었다. 누구나 부러워하는 스펙을 가지고 있었다. 2007년 나는 대한민국 최고라는 명문대, 서울대에 입학했다. 2012년 서울대 졸업과 동시에 ROTC였던 나는 장교로 군복무를 했다. 2014년 제대한 뒤에는 대한민국 최고 기업이라는 삼성전자에 입사할 수 있었다.

장교로 복무하면서 모아둔 돈도 있었고 5년간 회사에 다니면서 모아둔 돈도 있었다. 남들이 보기에 최고의 삶이었다. 서울대를 졸업했고 삼성전자에 다니고 있다. 심지어 신입사원 시작할 당시 장교 시절 모아둔 약 3,000만 원의 자금도 있었다. 누구는 대학 졸업과 동시에 등록금 2,000만 원 정도의 빚을 안고 시작하기도 한다.

물질적으로는 상당히 풍족했다. 5년간 회사가 잘돼서 보너스도 많이 받았다. 모아둔 돈은 넉넉했다. 마음만 먹으면 벤츠나 BMW 같은 외제차도 살 수 있었다. 그리고 회사 앞에 20평대 아파트도 살 수 있었다. 정말 먹고살기 충분했다. 그런데 그 풍족한 삶 속에 내가 없었다.

나는 단 한순간도 '나'로 살아온 적이 없었다. 학창 시절에는 부모님의 기대대로 살았다. 그저 공부만 잘하면 모든 인생이 풀릴 것이라는 믿음이 있었다. 대학교 시절에는 취업만 잘하면 된다고 했다. 그렇게 사회가, 선생님이, 부모님이 원하는 대로 살아왔다. 그동안 나는 집에 가면 누구의 아들이었다. 군대에서는 소대원을 맡은 중대장을 보좌해야 하는 소대장이었다. 회사에 가면 나는 어떤 업무를 담당하는 담당자였다. 그렇게 사회의 틀에 맞춰 살아왔다.

'나'라는 사람은 내 삶에 없었다. 그렇게 나는 물질적으로는 풍요로웠지만 정신적으로는 아주 결핍된 시간을 보내고 있었다. 심지어 상담도 받았다. 약 8주 동안 상담받으면서 나는 울기도 웃기도 했다. 4주차 기간이었다. 상담사님이 말했다. "이런저런 이야기를 하면서 당신의 이야기를 들어봤는데 정작 뭘 하고 싶어 하는지 안 보이네요."

내 삶 속에서 내가 안 보인다고 했다. 그래서 상담을 통해 대충이라도 나를 알아가는 시간을 갖게 되었다. 어렴풋이 내가 무엇을 좋아하는지 알게 되었다. 정신적 결핍에서 벗어나게 되었다. 하지만 아직 2%가 모자랐다. 구체적으로 명확히 내가 뭘 좋아하는지 알 수 없었다.

그러던 중 2019년 3월 나는 〈한책협〉이라는 곳에서 김도사님을 만났고 책을 쓰기 시작했다. 책을 쓰면서 내가 누구인지 무엇을 좋아하는지 알게 되었다. 나는 사람들에게 선한 영향력을 미치는 사람이 되고 싶다. 내가 가지고 있는 경험, 원리, 비법들을 사람들에게 알려주면서 살고 싶다. 이제는 그런 메신저의 삶을 사는 방법을 안다. 김도사님에게 코칭받으면서 분명하게 열린 이 메신저의 길을 봤다.

나는 이건 운명이라고 생각했다. 이 삶을 살기 위해 여기저기 갔다가 드디어 찾게 된 것만 같았다. 서울대학생, 장교, 삼성전자 회사원 여기저기 많이 돌아다녔다. 내가 김도사님께 코칭받는 것은 마치 운명 같다. 내 이름은 나라 정, 어질 인, 가르칠 교이다. 나라를 어질게 가르친다는 의미다. 바꿔 말하면 세상에 선한 영향을 끼치는 메신저의 삶을 살라는 의미와 같다. 모두 책을 쓰면서 변한 나의 삶이다. 이제 여러분도 책만 읽지 말고 독자에서 저자가 되라. 그것이 '나'를 알게 되는 가장 빠른 길이다.

직장인이여, 독서로 내 안의 거인을 깨워라!

며칠 전 오리슨 S.마든 작가의 『아무도 가르쳐주지 않는 부의 비밀』이라는 책을 읽었다. 이 책을 읽으며 나는 다시 한 번 깨달았다. '내 안에 거인이 있구나. 자고 있는 거인을 깨우기만 하면 되겠구나.' 아주 인상 깊었던 구절이 있다.

저자는 토끼와 거북이 이야기에서 왜 거북이가 이겼는지 묻는다. 보통 사람들은 거북이가 끝까지 포기하지 않아서 혹은 토끼가 방심해서 이겼다고 답한다. 모두 아니다. 그것보다 이전 단계를 생각해야 한다. 바로 거북이는 이길 것이라고 의식한 것이고, 토끼는 이길 것이라고 의식하지 않아서이다. 거북이는 주위의 조롱과 비난에도 결코 질 거라고 생각하지 않았다. 이길 수 있을 것이라고 생각했다. 그래서 이긴 것이다. 반면에 토끼는 이길 것이라는 생각을 안 했다. 그러니 이길 수 있겠는가?

바로 이것이다. 의식이 전부다. 하지만 사람들은 잘 모른다. 안타까운 일이다. 하지만 나는 이제 알게 되었다. 잘 생각해보면 지금의 현실은 나의 의식이 만들어낸 것이다. 의식적이든 무의식적이든. 그래서 나는 또 의식하고 상상한다. 나는 올해 책을 4권 더 쓸 것이다. 그리고 6월 중순에 두 번째 책을 출판사와 계약할 것이다. 과연 이 말이 이루어질까? 당연히 이루어진다. 왜냐하면 난 이미 책을 썼다고 의식했기 때문이다. 혹시 의심되는 분이 있다면 올해 말에 나의 이름으로 교보문고에 검색해보길 바란다. 공동 저자가 아니라 나 혼자 쓴 4권의 책이 검색될 것이다.

나는 나에게 이루고 싶은 꿈이 있냐고 물었다. 나는 잘 대답하지 못했다. 현실의 장애물만 생각났다. 내가 하고 싶은 것 이루고 싶은 것조차 생각하지 못했다. 그러던 중 내 안의 거인이 말했다. 생각만 하면 이룰 수 있다고 가정해보라고 했다. 하고 싶은 것, 이루고 싶은 것을 생각해보라고 했다. 그제야 나는 대답할 수 있었다. 그리고 책에 써내려갔다.

1) 베스트셀러 작가가 되어 교보문고 강남점에서 저자 사인회하기
2) 전국의 중고등학교에서 동기부여 강연하기
3) 베트남, 중국, 일본, 대만에 베스트셀러 판권 계약하기
4) 전 세계 청소년 리더십 콘퍼런스 개최하기
5) UN에서 평화 연설하기

기존의 관점에서 보면 허무맹랑하다고 할 것이다. 아마 내가 이 책을 쓰고 나면 나와 가장 친한 사람들부터 나에게 욕할 것이다. 하지만 나는 당당하게 이렇게 쓴다. 왜냐하면 내가 이룰 수 있는 꿈이기 때문이다. 원래 세상을 움직이는 것은 눈에 보이지 않는 것이다. 전기가 그렇고 전류가 그렇다. 눈에 보이지 않지만 불을 켜서 세상을 밝힌다. 이와 같이 내가 꿈을 바라는 그 상상력이 나의 미래를 바꿀 것이다. 나는 확신한다.

'내 주제에 무슨, 에이, 난 안될 거야, 난 못할 거야.'라고 부정적으로 자신에 대해 말하는 직장인들이 많다. 바로 2018년의 나였다. 당신 나는 나 자신에게 너무나 부정적이었다. 나 스스로 한계를 지었던 것이다. 그러다 보니 회사에서도 일이 잘 안 풀렸다. 내가 나 자신을 부정적으로 말하는데 내 삶은 당연히 잘 풀리지 않았다. 항상 안 좋은 일만 일어났다. 돌이켜보면 그때 나는 나 자신을 부정적으로 몰아가면서 최악의 상황으로 몰아가고 있었다. 그러니 잘 안될 수밖에.

하지만 2019년 나는 〈한책협〉의 김도사님을 만나고 전혀 다른 사람이 되었다. 조금씩 긍정적으로 바뀐 것이 아니라 정말 빠르게 긍정적으로 바뀌었다. 그리고 날마다 성장하고 있다. 나는 도사님이 추천해준 네빌 고다드의 책을 비롯해 여러 가지 의식 확장 도서들을 읽고 있다. 그리고 지금 내 안의 거인이 깨어난 상태이다.

이 글을 읽는 여러분도 분명히 꿈이 있을 것이다. 없다면 이제부터 꾸면 된다. 잠자고 있는 거인을 깨우자. 일단 독서를 하자. 독서로 내 안의 거인부터 깨우자. 그 거인이 꿈을 이루게 해줄 것이다. 우리가 의식하고 확신만 하면 꿈은 이루어진다. 마지막으로 나의 의식을 폭발적으로 확장시켜준 〈한책협〉의 김도사님에게 감사의 말씀드린다. 그는 나의 스승이자 멘토, 영혼의 부모이다. 김도사님의 모든 것을 배워서 나 역시 성공할 것이다. 아니 성공했다. 이미 성공했다는 상상으로, 끝에서 시작하기 때문에 성공했다. 정말 감사하다.

2019년 6월
정소장